J-POPで創る
中学道徳授業 3

柴田 克 著

はじめに

心に響く，心に残る道徳の授業の創造

　「あなたが中学校時代に受けた道徳授業で何が心に残っていますか？」若手教員に質問をしても「ほとんど何も覚えていません」という答えが返ってくることが大半です。

　今回の学習指導要領改訂の大きなポイントに「資質・能力の育成」があり，道徳科においても汎用性のある能力の獲得は重要です。「電車の中で弱者に席を譲る」という思いやりの行動について考えるだけでなく，電車の中という特定の状況でなくても思いやりは大切であることや，弱者のとらえ方にも様々な広がりがあることを理解することなどが大切です。

　大人になったときに，同様の状況に出くわしたとき，授業を思い出して知的に判断できるかはわかりません。でも槇原敬之の「僕が一番欲しかったもの」の曲を思い出したり，街中でその曲を耳にしたときにふと授業を思い出したりして，気持ちが動かされることもあるのではないでしょうか。「J-POPで創る授業」では，琴線に触れた感動を家に帰って再びその曲を聴くことによって思い出すこともできますし，街中でふと耳にした時に授業を思い出すこともできるでしょう。汎用性のある能力を育てる上でJ-POPは大きな力を発揮します。

　「主たる教材として教科書」を使用するのは当然ですが，そこに『J-POPで創る中学道徳授業1〜3』の曲をスパイスとして使用したり，教科書と同じ内容項目の教材を入れ替えたりすることによって指導法の工夫改善に挑戦して欲しいと思います。子どもたちの目は輝き，意欲的に取り組み，そして心に響く授業，また大人になっても心に残る授業になることと思います。

心のリミッター（制限機能）をはずしたい

　人間は無意識に心の中を覗かれまいとするものです。心の中を覗かれて，他人に入ってこられて否定的なことを言われては大変です。だから人は自分の心にフタをしてしまいがちです。また，自分自身でもあえて真剣に自分の心の内面を見ることを避けるためにフタをしてしまう人もいます。こうして人は知らず知らずのうちに心にリミッターをかけがちです。

　自分の生き方を真剣に考えるためには，このリミッターを外す必要があります。リミッターが外れると人間は，心が熱くなったり，頭に衝撃が走ったり，思わず涙が出てきたり何らかの反応が身体に現れます。この心のリミッターを外す力が大きいのがJ-POPです。その力は，「CD ＜ ライブCD ＜ ライブ映像 ＜ 実際のライブ」の順に大きくなります。

　「こんなに歌で感動したことは初めてです！」「涙をこらえるのに大変でした！」という子どもたちがたくさん出てきます。それとともに深い自己開示が表れますが，全体の前で開示するのは危険だと思った場合は，その子どもと先生の二人だけで共有できるとよいでしょう。先生が共感してあげれば，子どもは信頼して何でも相談できる関係になります。

目 次

はじめに

「道徳科」と「J-POPで道徳」

「道徳科」の経緯と今までの「道徳の時間」の課題 …………………………………… 06
多様な教材開発と「J-POPで道徳」 ……………………………………………………… 06
道徳科に生かす教材の要件と「J-POPで道徳」 ………………………………………… 08
教科書と「J-POPで道徳」との関係 ……………………………………………………… 08
教材の変更と「J-POPで道徳」との関係 ………………………………………………… 09

実践 J-POPで道徳授業

Aの視点

①SEKAI NO OWARI「Hey Ho」 A−(1) 自主,自律,自由と責任 ……………… 10

②半﨑美子「明日へ向かう人」
　半﨑美子「サクラ〜卒業できなかった君へ〜」 A−(3) 向上心,個性の伸長 …… 18

③AAA「負けない心」
　AAA「虹」 A−(4) 希望と勇気,克己と強い意志 ……………………………… 26

④miwa「結―ゆい―」 A−(5) 真理の探究,創造 ……………………………… 34

Bの視点

⑤GReeeeN「ハローカゲロウ」 B−⑻ 友情, 信頼 …………………………… 40

⑥コブクロ「未来」 B−⑻ 友情, 信頼 …………………………………………… 46

⑦乃木坂46「今, 話したい誰かがいる」 B−⑼ 相互理解, 寛容 …………… 52

Cの視点

⑧よしだよしこ「She Said NO！」 C−⑾ 公正, 公平, 社会正義 ………… 58

⑨「民衆の歌」（レ・ミゼラブルより） C−⑾ 公正, 公平, 社会正義 ……… 66

⑩欅坂46「不協和音」 C−⑾ 公正, 公平, 社会正義 ……………………… 74

⑪ゆず「友〜旅立ちの時〜」 C−⒂ よりよい学校生活, 集団生活の充実 …… 82

⑫Perfume「FLASH」 C−⒂ よりよい学校生活, 集団生活の充実 ……… 88

⑬一青窈「ハナミズキ」 C−⒂ よりよい学校生活, 集団生活の充実 ……… 96

Dの視点

⑭BUMP OF CHICKEN「ray」 D−㉑ 感動, 畏敬の念 ………………… 104

⑮安室奈美恵「Hero」 D−㉒ よりよく生きる喜び ……………………… 112

コラム
半﨑美子さんミニライブ ………………………………………………… 17
よしだよしこさんミニライブ …………………………………………… 111

「道徳科」と「J-POPで道徳」

「道徳科」の経緯と今までの「道徳の時間」の課題

　道徳の時間の教科化は，2011年の大津でおきたいじめ自殺事件がきっかけだった。さらには「道徳の時間」が他教科に比べて軽視され，道徳教育の要としての機能を果たしていない現状が問題視され，議論が始まった。そして中央教育審議会が2014年10月21日に出した「道徳に係る教育課程の改善等について」という答申を受け，2015年3月，学習指導要領の一部改正が行われ，同年7月学習指導要領解説が示された。

　答申では，今までの「道徳の時間」の課題を次のように説明している。「その特質を生かした授業が行われていない場合があることや，発達の段階が上がるにつれ，授業に対する児童生徒の受け止めがよくない状況にあること，学校や教員によって指導の格差が大きいことなど多くの課題が指摘されており」「読み物の登場人物の心情理解のみに偏った形式的な指導が行われる例があることや，発達の段階などを十分に踏まえず，児童生徒に望ましいと思われる分かりきったことを言わせたり書かせたりする授業になっている例がある」（下線は筆者，以下同）

　『J-POPで創る中学道徳授業』では「いじめ問題」に対処するための教材を多めに掲載している。今回の『J-POPで創る中学道徳授業3』でいえば，「she said NO!／よしだよしこ」「不協和音／欅坂46」「民衆の歌／レ・ミゼラブルより」の3本を「公正，公平，社会正義」の内容項目で紹介している。その他，学級担任の先生が特に重視したいと考える内容項目を今回増やした。

　また，「J-POPで道徳」の授業は，児童生徒の受け止め方は大変良い。読み物教材の授業でよく見かける，寝ていたり，他のことをしていたり，つまらなそうにしていたりする子どもは1人もいない。300人いても，全員が真剣に前を向いて授業に取り組める。

　「主体的・対話的で深い学び」を追求するときに，まず主体的に取り組もうと思えるような教材の力が「J-POPで道徳」に備わっている。

多様な教材開発と「J-POPで道徳」

　「教材の開発に当たっては，日常から多様なメディアや書籍，身近な出来事等に関心をもつとともに，柔軟な発想をもち，教材を広く求める姿勢が大切である。具体的には，生命の尊厳，社会参画，自然，伝統と文化，先人の伝記，スポーツ，情報化への対応等の現代的な課題などを題材として，生徒が問題意識をもって多面的・多角的に考えたり，感動を覚えたりするような充実した教材の開発が求められる」（学習指導要領解説，以下，「解説」）

　「J-POPで道徳」では子どもたちが目にしたり，耳にしたりする機会が多いものを教材化し

ている。いろいろなメディアで見たり聴いたりするアーティストや映画やドラマなどを吟味して教材化している。

学習指導要領で例としてあげられている「先人の伝記」について考えてみる。先人とは，昔の人，以前の人という意味があるため現存していない偉人を扱うのが基本となる。しかし，小学校教科書会社8社の6年生教科書を調べてみると，現存している人物を数多く取り上げている。複数社で扱われている佐藤真海や山中伸弥の他，鈴木明子（光村図書），辻井伸行（東京書籍），三浦雄一郎（光文書院），黒柳徹子（教育出版），田中耕一（学校図書），羽生結弦（学研），内村航平（あかつき）など，いずれもオリジナルな人物を取り上げている。

現存している人物を扱う場合，評価が確定していない分，道徳で扱う場合に危険性はもちろんあるが，興味をもっている人物を扱った方が，主体的に学びやすいと考えている。したがって「J-POPで道徳」で登場するアーティストは当然，現在活躍中の人ばかりだが，その曲と過去の偉人，たとえば杉原千畝（小6で4社採用）やローザパークス（小6で1社採用）を組み合わせた展開も紹介している。

さらに「スポーツを題材とした教材には，例えば，オリンピックやパラリンピックなどの世界を舞台にして活躍するアスリートやそれを支える人々のチャレンジ精神や力強い生き方，苦悩などに触れて道徳的価値の理解やそれに基づいた自己を見つめる学習を深めるものなどが想定される」（「解説」）とある。

小学校の教科書を5，6年生まで広げれば，スポーツ選手は上記にあげたアスリートの他に本田圭佑，荒川静香，イチロー，長谷部誠，吉田沙保里，浅田真央，内川聖一，大谷翔平，増田明美，上野由岐子，等々多数教材化されている。

本書においても，リオ・オリンピックNHKテーマ曲，平昌冬季オリンピックフジテレビテーマ曲とアスリートの読み物教材を使った授業展開を提案している。

もちろん，生徒の興味本位のみで授業を組み立てて，道徳科の目標に外れてしまってはいけない。下記引用にあるように，しっかり「内容項目の指導の観点」を読み込んで，「この教材で何を考えさせるのか」を教師がしっかりともって授業をしたいところだ。

「活用する教材の選択に際しては，生徒の興味を引くことのみに留意するのではなく，道徳科の目標や道徳科の特質を踏まえて『この教材で何を考えさせるのか』という授業のねらいの観点から選択する必要がある」（「解説」）

また，教材を提示する工夫として「読み物教材の場合，教師による範読が一般に行われている。その際，例えば，劇のように提示したり，音声や音楽の効果を生かしたりする工夫などが考えられる」（「解説」）とある。ただし，「多くの情報を提示することが必ずしも効果的だとは言えず，精選した情報の提示が想像を膨らませ，思考を深める上で効果的な場合もある」（「解説」）という注意点は忘れないようにしておきたい。「教科書」という性質上，映像や音楽は使用しづらい部分がある。この部分を「J-POPで道徳」など他の教材で補うことは指導方法の多

様性の面から考えても意味が大きいと考えている。

道徳科に生かす教材の要件と「J-POPで道徳」

> ア　生徒の発達の段階に即し，ねらいを達成するのにふさわしいものであること。
> イ　人間尊重の精神にかなうものであって，悩みや葛藤等の心の揺れ，人間関係の理解等の課題を含め，生徒が深く考えることができ，人間としてよりよく生きる喜びや勇気を与えられるものであること。
> ウ　多様な見方や考え方のできる事柄を取り扱う場合には，特定の見方や考え方に偏った取扱いがなされていないものであること。
> 　　　　　　　　　　（学習指導要領解説・第4章第4節の2「道徳科に生かす教材」より）

　「J-POP」はもちろん幅広い年代でも受け入れられるだろうが，最近のメッセージ性の強い歌詞，そして青春特有の悩みをテーマにした曲は何と言っても中学生から高校生がストライクゾーンになるだろう。そういった意味でも「J-POP」は十分発達段階に即していると考えられる。
　また，じっくり聞くとあふれてくる涙はまさに，生きる喜びや勇気からくるものだと言える。「こんなに感動した経験は今までなかった」「本当に今日の授業を受けてよかった」そういう感想そのものが，教材の要件として合致しているものと言えるのではないだろうか。

教科書と「J-POPで道徳」との関係

　「道徳科においても，主たる教材として教科用図書を使用しなければならないことは言うまでもないが，道徳教育の特性に鑑みれば，各地域に根ざした郷土資料など，多様な教材を併せて活用することが重要である」（「解説」）とあるように主たる教材としての教科書の他に多様な教材を併せて活用することの重要性についても認められている。では，年間何時間程度，教科書以外の教材が認められるのだろうか。このあたりは意見が分かれるところだ。「主たる教材」であることから過半数は絶対譲れない部分だろう。私個人の考えでは22の内容項目を一つずつ全て教科書で扱うことは最低ラインにおきたいと思っている。
　ある小学校6年生の「教科書の編成」を例に考えてみよう。22内容項目，年間35時間に対し

て35教材を用意している。1教材が10内容項目，2教材を用意しているものが11内容項目，3教材用意しているものが1内容項目である。3教材を用意しているのは「生命の尊さ」だった。

「第2に示す内容項目について，各学年において全て取り上げることとする。その際，生徒や学校の実態に応じ，3学年間を見通した重点的な指導や内容項目間の関連を密にした指導，一つの内容項目を複数の時間で扱う指導を取り入れるなどの工夫を行うものとする」（「解説」）とあるように，全内容項目を取り上げつつも学校によって学校で重点となる内容項目が変わってくる。内容項目によっては前述の教科書では1教材しか用意されていない場合もあるわけだ。さらには，より重点的に扱いたい場合，より効果的な教材が必要になってくることも考えられる。たとえば，前述の教科書の場合，「社会正義」についての教材が一つしかない。しかし，学校として「いじめ問題」を重点的に取り組みたいのであれば2時間，あるいは3時間教材を用意したいところだ。「J-POPで道徳」では，いじめ問題に対して多くの授業提案をしている。そこで，複数掲載している内容項目の中から一つを変更して「社会正義」の教材として組み込むことができると考えている。

教材の変更と「J-POPで道徳」との関係

年間指導計画にあらかじめ「J-POPで道徳」の教材を位置づけてあれば問題ないが，変更や修正を行う場合は，生徒の道徳性を養うという観点から考えて「より大きな効果を期待できるという判断を前提として，学年などによる検討を経て校長の了解を得ることが必要である。そして，変更した理由を備考欄などに記入し，今後の検討課題にすることが大切」とある。さらには「少なくとも同一学年の他の教師や道徳教育推進教師と話し合った上で」（「解説」）となっている。

本書は，どれも力のある教材ばかりである。「J-POP」を使った授業は，教科書にはない効果を期待できるものばかりなので，学年の教師や道徳教育推進教師，校長をまねいて，その方達に子ども役になってもらって模擬授業をすることをお薦めする。自分の教材研究にもなるし，了解を得る上でも効果的だと考えている。

実践　J-POPで道徳授業

A-(1) 自主, 自律, 自由と責任

SEKAI NO OWARI「Hey Ho」(5'45")
―ペットに対しての人間の責任について考える―

ぼろぼろの思い出とか
ばらばらに壊れた気持ちも
大事にしたから大切になった
初めから大切なものなんてない

どこか遠い世界のことなど
どうでもいいやと呟いた
大事にしないとああ，こんなにも
大切なものなんて無いんだなあ

嵐の海を渡ってく
世間は正義の雨を降らす
汚れた荷物，笑えるくらいゴミみたい
でもどうしようもなく　大切で

Hey Ho　Stormy Seas
誰かからのSOS
ずっと耳を塞いできたこの僕に　Whoa-oh

Hey Ho　Stormy Seas
誰かからのScream Of Silence
この嵐の中，船を出す勇気なんて僕にあるのかい

例えば君がテレビから流れてくる悲しいニュースを見ても心が動かなくても
それは普通なことなんだと思う
誰かを助けることは義務じゃないと僕は思うんだ
笑顔を見れる権利なんだ　自分のためなんだ

君が誰かに手を差し伸べる時はイマじゃないかもしれない
いつかその時がくるまで　それでいい

Hey Ho　Stormy Seas
誰かからのSOS
きっとこのまま「誰か」のまま放っておけば
忘れてしまうだろう

Hey Ho　Stormy Seas
また聞こえるSOS
この嵐の中，船を出す勇気なんて僕にあるのかい

Hey Ho　Stormy Seas
誰かからのSOS
ずっと耳を塞いできたこの僕に　Whoa-oh

Hey Ho　Stormy Seas
誰かからのScream Of Silence
この嵐の中，船を出す勇気なんて僕にあるのかい

作詞　Saori・Fukase　作曲　Nakajin

1 こんなときに！（ねらい・価値）

　一般社団法人ペットフード協会の全国犬猫飼育実態調査によれば，平成29年度の日本のペット推計飼育頭数は犬892万頭，猫952万頭となっている。

　一方，犬猫の殺処分数は環境省の調査によれば犬1万頭，猫4万5千頭（平成28年）となっており，こちらは平成元年の犬69万頭，猫33万頭から右肩下がりに年々大きく下がってきている。この事実は素晴らしいことであるが，こういった事実の陰には殺処分0を目標に努力を続けている行政や各種団体が多く存在していることを忘れてはならないだろう。

　動物愛護管理法では，国民の間に広く動物の愛護と適正な飼養についての理解と関心を深めるために9月20日から26日を動物愛護週間と定めている。この時期に本授業を実施しても良いだろう。

　内容項目は，動物殺処分問題を扱うときは「生命の尊さ」が中心となる実践が多いが，本授業の場合，A −(1)「自主，自立，自由と責任」として扱う。これは教材「Hey Ho」の根底に，飼い主である人間の責任について強烈なメッセージを感じるからである。

2 教材について

　「Hey Ho」は2016年NHK紅白歌合戦でも披露されたSEKAI NO OWARIの楽曲である。

　SEKAI NO OWARIには生き物を大切にしようというメッセージの込められた曲が多く存在する。

　例えば，アルバム「ENTERTAINMENT」に収録されている「深い森」などは，その1つと言えるので，英語の歌詞であるが，ぜひ調べていただきたい。

　今作の「Hey Ho」は2016年10月にリリースされた動物殺処分ゼロプロジェクト支援シングル。SEKAI NO OWARIは殺処分ゼロの活動に実績がある認定NPO法人「ピースウィンズ・ジャパン」とともに，動物殺処分ゼロプロジェクト「ブレーメン」を立ち上げ，今作で生じる利益を動物殺処分ゼロ活動のための資金に充てるとしている。

　もう1つの教材は自作の読み物教材で，3つの内容が含まれている。1つは新聞記事の内容を要約したもので，「札幌市動物管理センターで2年間犬殺処分0の記録が続いている」という内容。2つ目は「野良猫にえさをやることは良いことなのか？」を問うもの。そして3つ目は「セカオワからのメッセージ」で構成したものである。

3 手法・工夫・ポイント

　殺処分される犬猫に焦点を当てるのではなく，何とかそれを阻止しようという人間の努力に注目させたい。そうすることにより，「Hey Ho」の歌詞を前向きに考えさせたい。

　殺処分される犬や猫の気持ちに寄り添いすぎると授業が重たくなり，心的ストレスに耐えられない生徒が出てくることも考えられるので，過度な情報提供や映像提示は避けた方が良いだろう。

　「Hey Ho」のMVは彼らのバンド独特の

雰囲気で制作されているので，音のみで歌詞を見ながらの提示の方が，歌詞に集中できるであろう。

また，一見この歌詞を見ると「動物たちを助けられなくてもしょうがない」とネガティブに捉えられなくもない。しかし，そうでないことはセカオワからのメッセージを読むと理解できる。

また，「ブレーメン」のホームページ（https://bremen-project.net/）にはセカオワの対談やこの曲に対する思いを描いた絵本も公開されているので，教師は事前に学習しておき，場合によっては授業で提示するなどしても良いだろう。

4 授業の実際

❶ 1年間に全国で殺処分を受けている犬猫はどれくらいだと思いますか？

・犬1万頭，猫4万5千頭
（平成28年環境省調査）

「どうして猫の方が多いのかな？」
「野良犬より野良猫の方が多いから」
「この数は平成元年から28年間で増えてきたと思う？　減ってきたと思う？」

と聞くと，反応は半々である。グラフを掲示して，減ってきたことを確認する。

「へー，減ってきてるんだ」

ここで教材を読んで，様々な努力によって殺処分数が減ってきた理由を理解させたい。

❷ ところで，人間はどうして犬や猫などのペットを飼うのでしょうか？

①いやされる
②動物が好き・かわいい
③家族が飼いたいので
④寂しさがまぎれる
⑤親が子どもの教育として
⑥家族がまとまる
⑦捨てられたものを放っておけない
⑧防犯のため
⑨おしゃれ

これはある調査（ヒューマ，2009年6月22日発表）による「ペットを飼う理由のランキング」である。ここではあまり時間をかけている余裕はない。

❸ じゃあ，どうしてペットを捨てたり動物保護センターに持ち込んだりする人がいるのかな？

・飼い主が世話できなくなった（病気・高齢・忙しくなった・引っ越し）
・なつかない，暴れる，かみ癖，夜泣き
・老衰
・犬の病気（皮膚病・重病）
・増えすぎた

意見が出なかった場合は，こちらから提示する。

「これはしょうがないのかな？」「自分ではどうしようもないから殺処分してもらうというのはどう思いますか？」

替わりに飼ってくれる人を探すなど，簡単に責任を放棄するのが許される流れにはしたくない。ただし，実際に行政にペットを持ち

込んだ家庭があるかもしれない。できれば事前に調査をしておき，その生徒が仲間に責められたり，良心の呵責にさいなまれたりすることのないように配慮したい。

❹野良猫や野良犬にえさを与えることをどう思いますか？

●良い（20％）
- かわいそうだから
- できれば飼ってあげたい
- 飼える人を探せばいい
- えさを与えて動物保護センターに持って行く

●悪い（30％）
- 繁殖してしまうとますます不幸が増える
- 一時の感情で動いてはいけない
- まわりがきたなくなってしまう

●どちらとも（50％）
- どうしていいのかわからない
- 何もできない
- 連れて帰って相談する

「『どうしていいのかわからない』という人は何で迷っているの？」
「繁殖をくりかえして不幸な猫たちが増えるのも問題だけど，目の前の猫がお腹をすかせていれば助けたい」

❺ SEKAI NO OWARI は歌詞で何を言いたいのだと思いますか？

- 誰かからのSOSは動物たちのSOS
- 大事にしたからこそ大切なものになる
- 汚れた荷物，ゴミは病気や老衰の動物のように思える
- stormy seas は動物たちを助ける大変さを言っているように思う

一見，助けなくてもしょうがない，とも解釈できる歌詞ではあるが「船を出す勇気はあるのかい？」と私たち一人一人に問いかけている。少なくともペットを飼うときはそれだけの覚悟が必要だと感じさせる。

❻教師の説話

殺処分等を引き受ける行政の保健福祉センターのホームページには，次のような内容が書かれているものが多いです。

「犬・猫の引き取り依頼は，飼い主として最後の手段です。また，行政には依頼に対する拒否権もあります。そうならないよう，必ず新しい飼い主を捜す努力をしてください。里親を希望される人数より，保健所に引き取られる犬・猫の数がはるかに多いのが現状です。不幸な結末になる前に，もう一度ペットの顔を見て考えてあげてください。

犬や猫は，一度にたくさんの子どもを産みます。あなたは全て面倒が見れますか？　ご近所に迷惑をかけずに飼っていけますか？不幸な命をつくる前に，避妊・去勢を考えてください。なお，<u>引き取りされた犬・猫が輸送車に乗せられるまで，責任を持って立ち会いましょう</u>」

私たちの行動にはすべて責任が伴います。今，やっている行為がどのような結果を生むのか，行為を途中で投げ出すとその後どういう結果になるのか？　今日はそんなことを考えられた時間になったと思います。

道徳教材「動物殺処分０を目指して」

①札幌市動物管理センターで犬殺処分ゼロ２年を超す

　飼育放棄された犬や猫などを収容する札幌市のセンターでは2014年１月から２年以上も犬殺処分数０が続いている。こういった札幌市行政の努力の他にも民間団体の取り組み，ボランティアの人々の存在，そして「殺処分は残酷」という市民の意識が高まってきたことも大きい。

　犬の収容数自体も減少傾向にあり，収容された犬の譲渡の機会を増やすために平日以外に土曜日も窓口を開設したり，ボランティア団体と共催で譲渡会を実施したりしている。その結果，半身不随の犬や悪性腫瘍を持った犬を引き取った市民もいた。また，人に恐怖心を持っていたり，かみ癖があったりして，なかなか譲渡先が見つからない犬に対しては，散歩や遊びを通して人慣れさせる訓練をすることで症状が改善され，新しい飼い主が見つかった例も数件あった。

②野良犬や野良猫にえさを与えることは良いことか，悪いことか？

　「道ばたで，びっくりするほどやせ細った猫が鳴きながら足にすり寄ってきた。しばらくなでていたが，その間猫はずっと鳴き続け，何か乞うような目で見てきた。そこを立ち去ろうとすると，鳴きながら追いかけてくる。その猫が食べ物を求めているというのはすぐにわかった。思わず私は持っていた食べ物を猫に与えた」

　この行為は，果たして良いことなのだろうか？

　野良犬や野良猫にえさを与えると，繁殖を繰り返し，その数はどんどん増えていく。糞の害や道路へ飛び出し車にひかれて命を落とすものも出てくるであろう。一時の「かわいそう」という気持ちで野良犬や野良猫に「えさを与えること」は良いことなのだろうか？

③ SEKAI NO OWARI「Hey Ho」と「動物殺処分０運動」

　「Hey Ho」は動物殺処分ゼロ活動支援プロジェクト支援シングルで，今作で生じる収益を支援に充てる。また，動物殺処分ゼロプロジェクト・ブレーメンを立ち上げ，譲渡シェルターや譲渡スペースの建設を目標に支援する。

　SEKAI NO OWARI はブレーメンのホームページで次のようなメッセージを送っている。

　「現実で起きていることを知れば知るほど，今まで自分達の音楽で世界は変えられないと思っていたけれど，もしかしたら自分達が動くこと，発信することで，今なら少しくらい何か『きっかけ』を与えられるんじゃないかと思い，メンバーで話し合い，動物殺処分ゼロプロジェクト『ブレーメン』をスタートすることを決定しました。人が作ったシステムならば，人の力で変えられるのかもしれない」

道徳ワークシート「動物殺処分0を目指して」

ペットを捨ててしまう飼い主がいるのはなぜなのだろう？

野良猫や野良犬にえさを与えることは良いことか，悪いことか？
（自分の考えに近い位置に○をつけよう）

良い　　　　　　　　　どちらともいえない　　　　　　　　　悪い
├──────────────┼──────────────┤

理由

SEKAI NO OWARIは「Hey Ho」で何を言おうとしているのだろう？

今日の授業を終えて……特に「責任」ということについて

道徳学習指導案「Hey Ho」

1 主題　A-(1) 自主，自律，自由と責任
2 教材　SEKAI NO OWARI「Hey Ho」5分45秒　「動物殺処分0を目指して」（自作教材）
3 本時のねらい
　　SEKAI NO OWARI「Hey Ho」と「動物殺処分0を目指して」からペットを飼うときの人間の責任について考える
4 本時の展開

過程	時配	主な発問　●学習活動　・予想される反応	○補助発問　・留意点
導入	8	●犬猫の年間殺処分数について知る。（教材を読む） ・行政に持ち込まれたペットは最終的に殺される。 　1年間にどれくらい殺処分されているだろう？ ・犬1万頭，猫4万5千頭（平成28年）。 ●本時の授業の学習課題を知る。 　「Hey Ho」からペットを飼うときの人間の責任について考えよう。	・殺処分について知らない生徒もいるので簡単に説明をする。 ○殺処分数は増えているか減っていると思うか？ ○なぜ，減ってきているのだろう？
展開前段	12	●ペットを飼う理由，手放す理由について考える。 　ペットを捨てたりセンターに持ち込む理由は？ ・飼い主が世話できなくなった（病気・高齢・忙しくなった・引っ越し）。　・増えすぎた。 ・なつかない，暴れる，かみ癖，夜泣き。 ・老衰。　・犬の病気（皮膚病・重病）。	○なぜペットを飼うのだろう？（長時間かかりすぎないようにしたい）。 ○どうしようもないなあと思う理由はありますか？ ・何とかできないかという雰囲気を作るために切り返しの発問をしていきたい。
展開後段	12	野良猫に餌を与えるのは良いことか悪いことか？ 良い（20%）かわいそう。飼い主を探す。 悪い（30%）繁殖すると不幸が増える。 どちらとも（50%）どうすればよいかわからない。	・ものさしの両端を選択できなくても中間地点を認める。 ○どんなところが判断に迷いますか？
	12	●教材を読んで「Hey Ho」が動物殺処分問題のために作られた曲であることを知る。 ●「Hey Ho」を歌詞を見ながら聞く。 ●セカオワが言いたいことを想像してみる。 　セカオワは歌詞で何を言おうとしているのだろう？ ・誰かからのSOSは動物たちのSOS。 ・大事にしたからこそ大切なものになる。 ・汚れた荷物，ゴミは病気や老衰の動物のように思える。	・CDを聴きながら気になる歌詞の部分にラインを引かせる。 ○セカオワは何もしなくていいと言っているのだろうか？ ○一番心に残った言葉は何ですか？
終末	6	●今日の授業で感じたことをまとめる。教師の話を聞く。 　今日の授業で感じたこと，「責任」について書こう。	・「責任」という言葉をキーワードにして今日の授業を振り返らせる。

コラム

半﨑美子さんミニライブ

　半﨑美子さんを初めて知ったのは2017年6月19日放送の日本テレビ系列の番組「深イイ話」でした。「下積みが長い人は本当に幸せか？」というテーマでしたが，半﨑美子さんの充実した幸せそうな生き方，そしてその歌声の素晴らしさ，歌詞の素晴らしさに心を打たれました。さっそく半﨑さんのホームページにアクセスして，ブログを最初から全て読みました。そして，この人の生き方と歌を道徳の授業で扱いたいと思い，その思いをメールで送らせてもらいました。

　本校の道徳の授業は毎週水曜日の1校時です。1年から3年まで3クラスで合計9クラスありますが，すべてのクラスで半﨑美子さんの道徳の授業を展開することにしました。放課後，学級担任に集まってもらって，指導案検討会を行いました。教材は本誌と同じものを使いますが，展開の仕方は担任の考えで各クラスそれぞれ独自性をもたせました。

　子どもたちには，この日の道徳は2時間扱いと伝えてあります。まず，全校生徒が体育館に集まって「半﨑さんの深イイ話」を約10分間見ます。そのあと各クラスに戻って学級担任が道徳の授業を展開します。そして40分の授業を終えた後，全校生徒が体育館に集まり，クラスの代表が話し合った内容を報告します。

　このあと，「実は今日はゲストをお迎えしています」と私が話し，半﨑美子さんに登場していただきました。生徒たちは今まで授業中，話し合っていた人物がいきなり登場するのですからビックリ，感激です。

　半﨑さんに，少しお話しをしていただいた後「サクラ～卒業できなかった君へ～」「明日へ向かう人」そしてアンコールで「お弁当ばこのうた～あなたへのお手紙～」を歌っていただきました。生ライブの力はものすごいものがあります。半﨑さんの気持ちがグングン心の中に入ってきて，生徒たちの心のリミッターを外していきます。涙ぐむ生徒たちもいます。必死で涙をこらえている生徒もいます。

　教室に戻った後，さっそく半﨑さんにお礼の手紙を書きました。以下一部紹介します。

　「初めて生歌を聴くことができました。こんなに感動するものだと初めて知りました」

　「『お弁当ばこの歌』を聴いているとき，母のお弁当を作っている姿が思い浮かんでうるっときて泣きそうになってしまいました」

　「人の想いがわかる人なんだなあと思いました。誰にでも優しくて，力強い声でたくさんの人に感動を与えていて，私もそんな人になりたいなと思いました」

　「涙を流したいと思うことが最近増え，今は我慢しなくちゃと思うようになっていました。でも美子さんが来てくれて心から涙を流すことができました。ありがとうございました」

　「半﨑さんの美声が体育館中に響いてとても鳥肌が立ちました」

　「いろんな人が号泣する意味がわかったような気がしました。歌にとても愛情がこもっています」

※この授業の様子は半﨑美子さんのツイッター（2017/10/25，11/2，11/13）でご覧になれます。

② 半﨑美子「明日へ向かう人」(5'09")
― 夢を追いかける大切さについて考える ―

A−(3) 向上心，個性の伸長

悔し涙を流した時　心の奥が熱くなった
嬉し涙を流した時　胸の奥が熱くなった

季節はずれの桜のように冬に負けない人になって
苦しい時こそ根を張って　春を待たずに咲き誇ろう

遠い空に光る星　先を急ぐあなたを照らせ
立ち向かうその背中を　優しく讃えるように

前を向くそれだけでも辛いことが時にはある
それでも進むことをあきらめないで

時にしだれる柳のように風に負けない人になって
悲しい時こそ手を取って　何も言わずに揺れていよう

西の空に沈む陽よ　明日へ向かうあなたを照らせ
傷ついたその背中を　優しく支えるように

声を枯らして泣いても辿り着けない場所がある
それでも生きることを　信じることをあきらめないで

前を向くそれだけでも辛いことが時にはある
それでもあなたは進むことをあきらめないで

悔し涙を流した時　心の奥が熱くなった
嬉し涙を流した時　胸の奥が熱くなった

ショッピングモールで歌う半﨑美子さん

作詞・作曲　半﨑美子

半﨑美子「サクラ～卒業できなかった君へ～」(5'04")
―夢を追いかける大切さについて考える―

同じカバンに詰め込んだ日々と
並べた机に刻んだ日々と
枝先に膨らんだ　うららかな春
本当はあなたもここにいるはずだった

くだらないこと言い合って
肝心なことは言えないまま
止まった季節を追い越して
残った光を探していた

桜　花びらが舞う
一緒に見ていた夢を
ふわり空にのぼった
あなたに送りたい

最後に見たあなたは
いつも通りの笑顔だった
行く宛てのない気持ちだけ
進んだ時間を巻き戻す

桜　花びらが散る
あの日この場所で
ひらり風に吹かれて
何を思っていたんだろう

桜　花びらになり　いつか会いに行く

桜　花びらが舞う
一緒に見ていた夢を
ふわり空にのぼった
あなたに送りたい

あなたに送りたい

サイン会でひとりひとりと丁寧に会話する半﨑美子さん

作詞・作曲　半﨑美子

1 こんなときに！（ねらい・価値）

個性を伸ばして充実した生き方を追求することについて学習指導要領解説には次のように書かれている。

「個性を生かし伸ばしていくことは，人間の生涯をかけての課題でもある。『充実した生き方』とは，他者との関わりの中で自分らしさを発揮している生き方であり，自分自身が納得できる深い喜びを伴った意味ある人生を生きることである。自分の人生への前向きな取組を繰り返す中で，おのずと体得されるものである」（下線は筆者）

個性を伸ばし個性を発揮した人生を歩めたとしても他者との関わりの中での深い喜びを伴ったものこそが大切なのである。

キャリア教育，進路学習，職場体験学習と合わせて考えたい内容である。

2 教材について

半﨑美子（はんざきよしこ）さんは2017年36歳でメジャーデビューしたシンガーソングライターである。新聞，雑誌，テレビ等でも取り上げられ，「お弁当ばこのうた～あなたへのお手紙～」はNHK「みんなのうた」にフルバージョンで採用された（通常は2分20秒しか放映されない）。また，半﨑さんの歌唱はメンタルソング（誰かの思い，心を歌にして共感を呼ぶ楽曲）の女王と呼ばれるほど多くの涙を誘う。半﨑美子さんについての詳細は教材を読んでいただきたい。

本授業で使用した「明日へ向かう人」はアルバム「明日へ向かう人」の一曲目。公式ホームページでも公開されている。「サクラ～卒業できなかった君へ～」はメジャー1stミニアルバム「うた弁」の1曲目に収録されている。シングルカットされた「サクラ～卒業できなかった君へ～」の特別盤はDVD付きで，サクラ～卒業できなかった君へ～合唱バージョンのメイキング，そして「お弁当ばこのうた～あなたへのお手紙～」のアニメーションも収録されている。

半﨑美子さんについては新聞，雑誌，テレビ番組等からの情報に加えて実際に直接取材させていただき「教材」を作らせていただいている。

3 手法・工夫・ポイント

学習指導要領解説には道徳の授業に際して「例えば，優れた古典や先人の生き方との感動的な出会いを広げる中で，充実した人間としての生き方についての自覚を深め（以下略）」（下線は筆者）とあるように様々な人の生き方に学ぶことは貴重である。

特に今回の半﨑さんの場合，「1　こんなときに！」で引用した下線部分のように「他者との関わりの中で自分らしさを発揮している生き方」の素晴らしいモデルとなる。

今回使用する2曲はともにリスナーの人との交流の中で生まれた曲であり，彼女の生き方を表した作品である。

歌詞を深く理解するために最初に教師が朗読をして，その後に曲を聴くようにしているが，その方が心に響きやすい。

4 授業の実際

❶この写真からどんなことに気がつきますか？

・歌を歌っている　・ショッピングモール
・やさしそうな人

「彼女の歌を聴いてもらいます」と言い，「お弁当ばこのうた〜あなたへのお手紙〜」を30秒くらい流す。「聞いたことあるなあ」「みんなのうたで聞いた」と，聞いたことがある生徒がいる。

「彼女の名前は半﨑美子さん。メジャデビューは36歳になってからです」

❷あなたはいつまでも夢を追い続けられますか？

● できる（15％）
・好きだから　・あきらめたくないから
● できない（85％）
・生活ができなくなるから
・どうしてもというような夢はないから

「夢を追い続けたいという人は何歳まで？」
「自分が納得できるまでやる」「20代までかな？　それでダメだったら別の道を探す」
「途中であきらめるという人は何歳まで？」
「高校や大学で考える」「10代で決めたい」

❸半﨑さんはなぜ夢を追い続けられたのだろう？

・自分に自信をもっているから
・行動力や開拓精神，積極性があるから
・応援してくれるいろいろな人との出会いが力になっていたと思う

「半﨑さんの場合，今回デビューがなかったらいつまで夢を追い求めていたと思いますか？」
「いつまででも追い続けていると思う」「楽しそうに感じる」「生きているっていう感じがする」

「サクラ〜卒業できなかった君へ〜」の詞を読んだ後，お互いの感想を聞き合う。その上で「実際にこの曲を聴いてみましょう」と投げかける。

❹半﨑さんの歌に涙する人が多いのはなぜだろう？

・半﨑さんと聴く人の気持ちがシンクロするから
・半﨑さんの優しい人柄だと思う
・気持ちを伝えようとする力がすごい
・常に聞いている人たちの人生を思って曲を作っているから

❺教師の説話

　自分だけが幸せになればいいのではなく，自分の夢が実現することによって多くの人が幸せになる。それが本来の素晴らしい生き方だと思います。半﨑美子さんはそんな人生を歩んでいるんだなと思いました。
　また，夢をもち続けること自体が幸せだし，人生に充実感を与えているんだなと感じました。皆さんも自分の夢が周りの人の幸せにどう関わっていくだろうかという視点を忘れないでほしいと思います。

道徳教材①「半﨑美子　夢を追いかけ17年間」

　一生懸命勉強してやっと入学した札幌大学。それを1年で中退し東京で音楽活動をしたくなった半﨑美子（はんざきよしこ）さん。アテがあるわけでもなく根拠もない決断にお父さんは最後まで許してくれなかった。小さい頃に習ったピアノ，そろばん，ミニバス，習字，演劇はどれも続かずやめてしまったのだからお父さんの心配は当然だ。唯一の実績は高校の学園祭の歌の大会で1位になったことだけだった。

　結局，後ろ姿のお父さんに「東京で頑張るからね」と声をかけ，許しを得ないまま上京し，パン屋の住み込みで働きながら音楽活動をスタートさせた。週6日はパン屋で朝から働き，仕事が終わると2階で売れ残ったパンを食べて，少しだけ作詞や作曲など音楽に関係する行動をする毎日。

　東京に行けばすぐに有名になれると信じていた半﨑さんは誰の目にも止まらず活動場所を模索し続ける日々。ライブハウスを訪れては何の経歴もないのに「すごくいい歌を歌うのでここで歌わせてください」と自ら推薦した。粘り勝ちのような形で歌わせてもらえたことが「なんとかなるものなんだ」と勇気を湧かせた。

　初めてアーティストとしての一歩を踏み出せたような気がしたのはCDを作ったときだった。CDと言っても音源を1枚ずつ焼いて，白い盤面にマジックでタイトルを書いたものだったが，ライブ後に販売できたことは楽曲作りの糧になった。

　その後，ショッピングモールでも歌い始めるようになるが，これもライブハウス同様に，一つ一つの会場を北海道仕込みの開拓精神で一からアプローチしていった。事前準備からチラシ配布，進行まですべて自分ひとりで行う。彼女が歌った場所は実に200カ所以上になる。「音楽ホールやライブハウスって非日常の場所ですよね。でもモールは日常の場。私は日常を歌いたい」たまたま買い物に来た人たちに足を止めて聴いてもらい，持参したCDを買ってもらう。

　そんな苦労が実り，NHKみんなのうた2017年4月－5月の新曲に彼女が書き下ろした「お弁当ばこのうた～あなたへのお手紙～」が決定。19歳で上京し，音楽活動を開始して17年後，36歳にしてようやくメジャーデビューが決定した。

道徳教材②「ショッピングモールの歌姫」

　ショッピングモールで半﨑さんが歌うと多くの人が涙する。大人は普段泣きたくても我慢しているものだ。しかし，半﨑さんの歌声はその留め金を自然に外してしまう。「泣いてもいいんだよ」そう聞こえてしまう。涙とはその人やその曲に共感したときに自然とあふれるものだ。

　ミニライブの後のCD販売とサイン会には多くの人が並ぶ。「『60年生きていて初めてCDを買いました』『人生で初めてサイン会に並びました』『会いたかった！』『歌い続けてくれてありがとう！』そんな言葉を聞いただけで涙が出てしまいます」半﨑さんもよく泣くのだ。半﨑さんの表現力は素晴らしいが，相手の気持ちを受け止め，共感する力もまた強い。

　受信力から生まれた曲も多い。2011年集団登校中の児童の列にクレーン車が暴走し，お子さんを亡くした人のために書いた曲が「明日へ向かう人」だ。「前を向くそれだけでも辛いことが時にはある」この言葉は子どもを亡くした親だけでなく万人が共感できる部分だ。そしてそれを乗り越え「苦しい時こそ根を張って春を待たずに咲き誇ろう」と背中を押してくれる。多くの人にメッセージを送るが，半﨑さん自身もこの歌に心を鼓舞されているのではないだろうか。

　中学校は3年たてば誰でも卒業できると思っているかも知れない。でも世の中には病気や事故で卒業したくてもできない人たちだっているのだ。福岡県のある高校では，病気で亡くなり卒業できなかった級友を想い1998年1本の桜を植えた。「サクラ～卒業できなかった君へ～」は，心の中に咲き続ける大切な人へ思いを送ることを歌い繋いでほしいと合唱バージョンも作った。

　一人一人と心を交わすことの喜びをひしひしと感じている半﨑さん。歌を通して結ばれた貴重な繋がりは，行く場所行く場所でこれからも各地にたくさんの家族を増やしていくことだろう。メジャーデビューできてもショッピングモールをまわり続けたいという，そんな彼女から私たちも学ぶことは多いのだ。

道徳ワークシート「半﨑美子　夢を追いかけ17年間」

あなたはいつまでも夢を追い続けることができますか？

```
できる              どちらともいえない              できない
|———————————————————|———————————————————|
```

理由

半﨑美子さんの歌に涙する人が多いのはなぜだと思いますか？

今日の授業を振り返り，これからの自分に生かせることをまとめよう。

道徳学習指導案「明日へ向かう人」

1　主題　A－(3) 向上心，個性の伸長
2　教材　半﨑美子「明日へ向かう人」5分09秒「サクラ～卒業できなかった君へ～」5分04秒
3　本時のねらい
　　　　半﨑美子「明日に向かう人」を通して，夢を追い続ける大切さについて考える
4　本時の展開

過程	時配	主な発問　●学習活動　・予想される反応	○補助発問　・留意点
導入	12	●半﨑美子さんのショッピングモールでの歌っている写真を見て考える。 　この写真からどんなことに気がつきますか？ ・歌手（でも名前はわからない）。　・やさしそう。 ・ショッピングモールで歌っている。 ●「お弁当ばこのうた～あなたへのお手紙～」を30秒聴く。 ・聞いたことがある。　・みんなのうた。 ●自分自身について考える。 　あなたはいつまでも夢を追い続けられますか？ できる（15%）できない（85%） ・食べていけなければ厳しい。 ・夢そのものでなくてもやりたいことを続けたい。 ●本時の授業の学習課題を知る。 　半﨑美子「明日に向かう人」を通して夢を追い続ける大切さについて考えよう。	・拡大した写真を提示する。 ○半﨑さんは何歳でデビューしたと思いますか？ ・36歳 ・「お弁当ばこのうた」は時間の関係で30秒程度にする。 ・ワークシートを配付する。 ・ワークシートに記入させた後4人組になってお互いの意見を聞き合う。 ○具体的に何歳まで？
展開前段	15	●教材①「半﨑美子　夢を追いかけ17年間」を読んで考える。 　半﨑さんはなぜ夢を追い続けられたのだろう？ ●「明日へ向かう人」の詞を読んでから曲を聞く。 ・自分に自信をもっている。　・苦労だと思っていない。 ・行動力や開拓精神。　・積極性。 ・応援してくれるいろいろな人との出会い。	・教材①を配付する。 ・教材と詞を教師が範読してから曲を聴かせたい。 ・教材の文章と曲の歌詞の両面から考えさせる。 ○36歳でもデビューできなかったら半﨑さんはまだ続けていたと思うか？
展開後段	15	●「サクラ～卒業できなかった君へ～」の詞を読んでから曲を聴く。 　半﨑さんの歌に涙する人が多いのはなぜだろう？ ●教材②を読んで考える。 ・半﨑さんと聴く人の気持ちがシンクロするから。 ・半﨑さんの人柄。　・気持ちを伝えようとするから。	○歌詞の卒業できなかった君はどうして卒業できなかったのだろう？ ・教材②を配付する。 ・教材と詞を教師が範読してから曲を聴かせたい。
終末	8	●今日の授業を振り返る。 　今日の授業を振り返り自分の生活に生かせることをまとめよう。 ・自信をもつこと，行動すること，頑張る大切さ。 ・人を感動させたり，人の気持ちに共感すること。 ●教師の説話を聞く。	・内容項目が分散しそうであれば学習課題を再度確認して「夢を追い続ける大切さ」について考えさせる。

A-(4) 希望と勇気，克己と強い意志

AAA「負けない心」(4'53")
―負けない心に必要なものを考える―

※下線は筆者による

この背中には見えない翼
この胸には誇りがあるよ
細い腕でも，夢があるから
そして誰にも負けない心

気付けば傷だらけのDays　力や金など見当たらない
でも言いたくは無いんだ仕方が無い
見つけた自分だけのWay　"I'm not afraid"
這ってだって前へ　不安定な明日掴んでく

タイクツな町を
抜け出したがる指が
夜の扉のカギを外した

コドクに折れて
しゃがみ込むアスファルトは
ネオンの迷路
転んだら，
その数だけ
立ち上がれ

泣いてばかりの頃の自分が
残してくれた，しあわせの地図
失うことを恐れぬ勇気
いつでもゼロに戻れる強さ

泥と傷にまみれたまま　前を向いて進めたなら
美しさへとそれは変わるんだ　生きることがアンサー

手にすれば消えて
かなわなければ逃げる
なら新しい夢を探そう

なにがなんでも　先へ行こうと誓った
あの日のことを
忘れずに，
あなたらしく
生き抜いて

<u>キボウはヒカリ，ゼツボウは糧</u>
<u>想い出は盾，未来は自由</u>
<u>笑顔はあかし，涙はしるし</u>
<u>痛みはヒント，チャンスは無限</u>

この背中には見えない翼
この胸には誇りがあるよ
この世でひとつ，大事なものは
掴み取るまで，負けない心

作詞　Kenn Kato・rap詞　日高光啓・作曲　Tetsuya_Komuro

AAA「虹」(5'06")
―負けない心に必要なものを考える―

ここまで歩いてきた　足跡振り返り眺めていた　どれも覚えているよ　　　　　　　　　※下線は筆者による
ひとつひとつ迷っていた　曲がりくねり　何度も躓（つまづ）き傷ついた
夢に近づきたくて

投げ出して　弱音をはいて　またヒトツ　失ってゆく
傷つき重ね　気づいて明日へ　僕らの色で

あとどれほどの　『ナミダ』　を流してたどり着けるだろう？
あとどれほどの　『イタミ』　をくいしばって立ち上がればいい？
きっと僕らたどり着くんだ!!!

これからの景色　どこまでも描こう　心のキャンバスを七色で
遥か彼方まで　続いてく旅路　それでも進んでいれば　いつか
きっとあの地平線の先　虹をかけにいこう

出来ないことを数え　不安で人と比べてしまいそうに　いつもなるけれど
きっと世界70億の　生きる日々（みち）それぞれ違うもの
誰もが迷いながらも生きていて　違う光を放って笑って見せて
大事なもの守ったeveryday　描いて繋がり星は七色の虹をかけるさ

君らしく　僕らしく　この今を歌えればいい
声聞かせて　足跡重ね　交わる運命

あとどれほどの　『クヤシサ』 噛み締めたどり着けるだろう？
あとどれほどの　『ヨワサ』　と向かい合い儚さを知ればいい？
きっと僕らたどり着こう!!!

笑って　泣いても　無くして　見つけた　きっとそのどれもが素晴らしい
それぞれの旅路　交わり生きてる　同じ瞬間（とき）をカケル仲間（とも）がいる
きっと僕らは光放ち　互い照らすよ

駆け抜けた日々がこの背中　行っておいでと　押して笑うだろう
光も影も連れて進もう　ガムシャラな今を　歌いながら

ありがとう　君が教えてくれたもの　それを音や言葉にのせ歌おう
君が笑うから　立ち向かっていける　七色の光　集めた虹

間違いだらけの　僕らの毎日　きっとそのどれもが素晴らしい
弱さを知った分　強くなれるから　高い壁も飛び越えていける

きっと　これからも　終わらない人生（たび）を続ける

君と　明日もまた新しい　人生（たび）を　ハジメヨウ

作詞・作曲　GReeeeN

1 こんなときに！（ねらい・価値）

「より高い目標を設定し，困難や失敗を乗り越えようとする」ためには「まず，生活の中で具体的な目標を設定させ，その実現に向けて努力する体験をさせ，その体験を振り返って，目標の達成には何が必要かを考えたり，自らの歩みを自己評価させたりすることが大切である」と学習指導要領解説にある。したがって，そのような体験の前後にこのような内容項目の授業を実施したい。

本時の授業は，部活動の総合体育大会前に実施したが，その他，さまざまな困難な出来事や体験が行われる前後に実施することが効果的である。

また，困難を乗り越えるにはどのような力が必要かと考えたときに「負けない心」「負けじ魂」をひとつのキーワードにして本時を計画している。

2 教材について

AAA（トリプル・エーと読む）は男女6人の音楽グループである。（2018年4月時点）

「負けない心」は2010年発売のAAA25作目のシングルで，ドラマの主題歌にもなっていた。

「虹」は2012年発売の34作目シングルでCMにも使用されたことがある。

2曲ともCD音源は比較的簡単に手に入れやすいだろう。ただ，音のみよりはライブDVDで情熱あふれる彼らのパフォーマンスを見せた方が，よりその気持ちが伝わってくるだろう。

読み物教材としては「隻腕の剣士　高宮敏光」を取り上げる。これはフジテレビ「ザ・ベストハウス123」で2009年7月に放映された物を読み物教材化したものである。

「1歳9カ月のときに右腕のひじから先を失った高宮が剣道を始め，大学では全日本の4回戦まで進む。特に3回戦は45分間もの延長戦になる。片腕のみで戦うには圧倒的な不利な状況での逆転勝利は，まさに負けじ魂の代表的な試合だった」

オリンピックに出場したとか，全国で優勝したとか成功者を授業で扱うこともそれなりに意義はあるが，誰もが成功者になれるわけではない。むしろ挑戦の夢半ばにして破れることや失敗体験の方が多いものである。

また，挑戦する前に諦める言い訳を考えたり誰かや何かの責任にしてみたりすることもある。高宮さんは，ハンディーがありながらそれを言い訳にせず45分間戦い続けたが，そこから学ぶことは多いだろう。

3 手法・工夫・ポイント

ドラマでは，オープニング主題歌とエンディング主題歌の2つがある場合が多い。本授業でもそのように構成している。オープニングでの「負けない心」という楽曲で本時のねらいを明確にして，展開前段で「実話教材」で考える。そして展開後段は「虹」という楽曲で心情を揺さぶりつつ，自分自身を振り返らせたい。

また，本時で扱う「剣道」という競技になじみのない生徒も多いだろう。本時では当時

録画しておいた「ザ・ベストハウス123」の映像を使用したが，YouTube等で剣道のスピードと音のすごさを提示できると読み物教材の迫力は増すだろう。

さらに，本時では剣道部顧問をゲストティーチャーに招いて，教師の最後の説話をお願いした。担任が語らず，効果的な人物にお話ししていただいて授業を終えることもひとつの方法として有効であろう。

「負けない心」で大切なものを考えるワークではランキング法を用いている。単に1位～3位等で実施しても良いが，今回は自分の心の中を図式化するために三角形を利用した。三角形を4分割して4つ書く欄を用意する。一番上に自分が一番大切なものを記入し残り3つを下の欄に書く。自分が前進していくイメージで，一番上にあるものが，自分が全面に押し出すもの，残りの3つが推進力であったり後押しする力だったりすると考えやすいだろう。

お互いどんなものを選んだかを全体でシェアする時間は取れないので，4人組や2人組で聴き合いの時間を取ることも良いだろう。場合によっては教室に掲示して見合っても良いだろう。

4 授業の実際

❶「負けないこと」ってどういうものだと思いますか？
- 勝つこと
- 諦めないこと
- 折れないこと

「『負けない』ために必要なものって何ですか？」

「強さ」「粘り強さ」「応援」

「では，『負けない心』という曲を聴いてもらいます」といって曲を聴いた後，「歌詞の中身については，授業の後半でもう一度考えてみますが，前半では負けない心をもった高宮敏光さんの話を考えていきます」と言って，進めていきます。

❷ 高宮さんはハンディーがありながらもなぜ，45分間の延長戦で勝つことができたのだと思いますか？
- ハンディーを言い訳にしないでそれを逆に強みにしている
- 片手だからこそとポジティブな発想があったから
- 両親に負い目を感じさせないという強い気持ち

「45分間もあると人間はいろんなことを考えてしまうと思うんだけど，高宮さんは何を考えていたんだろう？」

「あきらめないで何か方法はないかと考えていた」「何も考えていなかったのかもしれない」「両親のことを考えていて，そのためにも負けちゃダメだと言い聞かせていたと思う」

「じゃここでもう1曲AAAの曲を聴いて『負けない心』について考えてみます」

❸「負けない心」「虹」の歌詞から「負けない心」に大切だと思うものを4つ三角形に記入しよう
- ナミダ…つらさを乗り越えてきたから
- イタミ…精神的肉体的痛みを乗り越えて

きたから
- クヤシサ…負けたこと，それがバネになる
- ヨワサ…自分が弱いと思うことで油断がなくなる
- キボウはヒカリ…諦めないことが大切
- ゼツボウは糧…絶体絶命を追い風にする
- 想い出は盾…いろんな事があったけどそれは敵を防ぐ盾になる
- 未来は自由…乗り越えた先には好きなことが待っている
- 笑顔はあかし…笑えることで力を出し切れる
- 涙はしるし…涙は今まで頑張ってきた印
- 痛みはヒント…失敗は成功のヒントになると考える
- チャンスは無限…諦めない限りチャンスは何度も来るはず
- 胸には誇り…プライドが大切
- 見えない翼…見えない力を味方にする

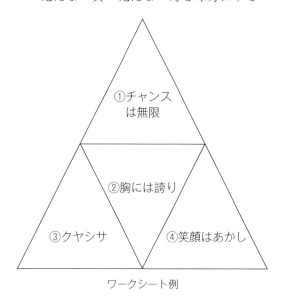

ワークシート例

「一番上にあるものが，自分が全面に押し出すもの，残りの3つが推進力であったり後押しする力だったりするイメージを持って記入するといいです」

「記入できたら4人グループでワークシートを見せ合いながらお互いの考えを聴き合いましょう」

「私は，『笑顔はあかし』を選びました。部活動はみんなで頑張ってきたから最後まで笑顔で終わりたかったので」

「僕は『クヤシサ』を選びました。今まで県大会に行くことを目標にやってきたので，新人戦で負けた打倒○○中で練習してきました。リベンジしたいです」

❹ゲストティーチャーの説話

（剣道部顧問女性教諭の話）

　私も高宮さんほどではないですが，中学校最後の総体で40分間くらいの延長戦を戦ったことがあります。現在では一定の時間で面を取って給水時間が設けられていますが，以前は途中で給水をするなどの行為は認められていませんでした。片腕で45分間というのはとてつもなく体力を消耗したと思います。それでいて，高宮さんが勝ったというのはすごいことです。私の場合はその試合で負けてしまいました。その時の悔しさのおかげで，高校・大学と剣道を続け，現在体育の教師をやれているのかなと思います。

　試合の勝敗では敗れましたが，それが負けというわけではなく，そのことをどう捉えて人生を歩んでいくかが「負けない人生」につながるのではないかと思っています。

道徳教材「隻腕の剣士　高宮敏光」

　高宮敏光（大学4年）は剣道日本一を決める全国大会に左腕1本で挑んでいた。

　高宮が右腕を失ったのは1歳の時。両親が農作業中，一瞬目を離した時に脱穀機に手を突っ込んでしまったのだ。右腕の肘から先を失う大けがだった。
　しかし，小学校の頃，友達が気を遣って身の回りのことを手伝ってくれることが高宮には逆に苦痛だった。さらには，「私たちがちゃんと見ていればこんなことにならなかったのに…」と両親に負い目に感じてほしくないという気持ちが強かった。
　6歳の時に剣道に出会う。しかし片腕で竹刀を振ることは大変なことだった。しかも片腕では簡単に竹刀が弾き飛ばされてしまう。でも高宮は諦めなかった。両親に負い目を感じさせないために，「剣道で強くなり対等に戦えることを証明したい」という強い気持ちがあったからだ。
　「片腕でも絶対に強くなってやる」高宮はビール瓶に砂を詰めそれを何度も振って左腕1本を鍛え続けた。その努力の結果，鋭い振りを身につけた高宮は，中学・高校でレギュラーとして活躍，高校では地元熊本で3位入賞を果たしている。そして高校卒業後は剣道の名門，大阪体育大学に進学した。
　高宮が4年生になった時はじめて全日本学生剣道選手権大会に出場する。全国の強豪が集まるこの大会で高宮は激闘を繰り広げた。2回戦から登場した高宮は初戦の相手を延長の末に下すと，3回戦は関東学院大3年の林選手と対戦。身長差20cm，体重差50kg，そして左腕1本のハンディは厳しい。
　この試合は5分間で決着がつかず，延長戦に突入する。ここからは先に1本と取った方が勝ちになる。左腕1本で戦う高宮にとっては試合時間が長くなればなるほど不利になる。体力もどんどん限界に近づく。

――――――― 40分経過 ―――――――

　竹刀を握り続けている左手の握力がなくなってきた。そして林選手の鋭い攻撃に竹刀をはじき飛ばされ，反則を取られてしまう。このまま負けてしまうのか？しかし，高宮は諦めなかった。「両親が見ている。ここで勝って絶対に負い目をなくす！」

――――――― 45分経過 ―――――――

　勝負をかけて林選手がメンに飛び込む。この時，高宮は自分が編み出した技に全てをかけた。竹刀を短く持ち替え，わずかに空いたドウに鋭く飛び込む。高宮の旗が3本上がる。高宮は竹刀を持ち替えるという片腕ならではの戦法で勝利した。場内からは大歓声が巻き起こる。テレビの前で観戦していた両親も涙が止まらなかった。
　試合後に高宮は語った。
　「『片腕でも出来る』と考えるのではなく，『片腕だから出来る』と考えるようになったのでここまで来れた」
　「しんどいことから逃げないで立ち向かっていく。しっかり頑張っていれば結果はついてくる」
　不屈の精神が逆境をプラスに変えたのだ。現在，高宮は中学校の教師となり，剣道部の顧問として子どもたちに「負けない心」を教えている。

※参考資料　2009年7月1日「ザ・ベストハウス123」（フジテレビ）

道徳ワークシート「『負けない心』に必要なもの」

高宮敏光さんはハンディーがありながらも全国大会での45分間の死闘にどうして勝利できたのだろうか？

AAA「負けない心」と「虹」の歌詞から，負けないために自分が大事だなと思うものを４つ選び，下の三角形に組み込もう。

負けない心の三角形

今日の授業を終えて…どんなことに「負けない心」で挑戦したいか

道徳学習指導案「負けない心」「虹」

1　主題　A-(4) 希望と勇気，克己と強い意志
2　教材　AAA「負けない心」4分53秒「虹」5分06秒「隻腕の剣士　高宮敏光」（自作教材）
3　本時のねらい
　　　AAA「負けない心」「虹」と「隻腕の剣士　高宮敏光」から負けない心に必要なものを考える
4　本時の展開

過程	時配	主な発問　●学習活動　・予想される反応	○補助発問　・留意点
導入	10	●この時間のテーマ曲・主題について知る。 「負けない心」ってどんな心だろう？「負けない心」に必要なものは何だろう？ AAA，『負けない心』『虹』を知っていますか？ ●『負けない心』を視聴する。	・ここではAAAの紹介と「負けない心」のライブ映像で興味関心を高めるだけにとどめておく。
展開前段	15	●「隻腕の剣士　高宮敏光」を読んで，考える。 高宮敏光さんはどうして勝利できたのだろう？ ・ハンディにいじけないことがすごい。 ・片手だからこそという発想がすごい。 ・両親に負い目を感じさせないという強い気持ち。	○もうだめだとあきらめた経験はないだろうか？高宮さんはなぜそれを乗り越えられたのだろうか？ ・映像があれば視聴させたい。「ザ・ベストハウス123」2009年7月1日フジテレビ放映。 ・歌詞を見ながら気になった歌詞に線を引かせる。
展開後段	20	●「虹」「負けない心」を視聴して負けない心にとって大切なものを考え，ワークシートの三角形に記入する。 負けない心のために自分が大事だと思うものを4つ選ぼう。 ・ナミダ…つらさを乗り越えてきたから。 ・イタミ…精神的肉体的痛みを乗り越えてきたから。 ・クヤシサ…負けたこと，それがバネになる。 ・思い出は盾…いろんな事があったけどそれは盾。 ・痛みはヒント…失敗を成功のヒントにしなければ。 ・胸には誇り…プライドが大切。 ・見えない翼…見えない力を味方にする。	・4人グループで見せ合い聞き合わせる。時間がない場合は2人組で実施させる。 ・ある年のAAAライブの最後の曲に「虹」を選んだのはかれらのグループの思い入れが強い曲であるからということを伝える。
終末	5	●今日の学習を振り返りどんなことがこれからの生活に生かせるか考える。 負けない心でどんなことに挑戦したいと思いますか？ ・自分の進路に向かって負けないでやっていきたい。 ・部活動で苦しいことがあっても乗り越えたい。	・振り返りをした後，ゲストティーチャー教師の説話をする。

④ miwa「結―ゆい―」(4'41")
― 新しいものを創造しようとする姿勢の大切さについて考える ―

A-(5) 真理の探究，創造

「大人のために生きてるわけじゃない」と
うつむいた瞳には映らないけれど
見上げればこんなに青空は広いのに

どんなにがんばったって　うまくいくわけじゃないけど
夢は描いた人しか　かなえられないんだから

信じること
あなたの中に　眠ってる力に気づいて
あきらめないで
無駄なことなんて　なにひとつないって思い出して
僕たちはなにより強い絆で結ばれている

人がひとりでは生きてゆけないように
ひとりで描く夢は小さいけれど
僕たちはきっとあの空を越えるはず

苦しくて逃げてばかり　自分が情けなくなる
だけどみんなと笑って　たどり着きたいんだ

遠ざかる雲
手を伸ばしても　届かないものもあるんだから
いちばん手に
入れたいものって　簡単じゃないでもあきらめない
僕たちはなにより強い絆で結ばれている

信じること
あなたの中に　眠ってる力が欲しいの
自分のため
だけじゃ乗り越えられないときが今あるから

信じること
あきらめないで

僕たちはなにより強い絆で結ばれている

作詞・作曲　miwa

1 こんなときに！（ねらい・価値）

「創造とは，新しいものを生み出そうとすることである。模倣によってではなく，独自の考えに基づいて物事を創り出そうという強い気持ちがなければできない」（学習指導要領解説・下線は筆者）たとえば作詞や作曲もその最たるものであろう。

「新しいものの創造は無から突然生まれるものではなく，好奇心を寄せ，疑問や分からないことにこだわり続け，物事の真の姿を探り見極めようと格闘し続ける探究の中で育まれてきた」（学習指導要領解説・下線筆者）

自分の人生は自分で創造するものとも言える。したがって，キャリア教育，進路学習と横断的に絡めて学習したい。

また，本授業の場合，音楽の授業と横断的に行ったり，合唱コンクールなどの行事に合わせて行ったりすることも考えられる。

2 教材について

「結―ゆい―」は，miwa の楽曲。彼女の21枚目のシングルとして2016年10月に発売。『NHK 全国学校音楽コンクール2016』の中学生の部における課題曲として書き下ろされた。NHK『みんなのうた』2016年8－9月の使用曲ともなっている。

CDの「初回生産限定版」にはDVD「結―ゆい―（ビデオクリップ＋メイキング）」がついており，「期間生産限定版」にはDVD「結―ゆい―（NHK「みんなのうた」ノンテロップバージョン）」が付属している。

読み物教材は，TBS 情熱大陸，NHK「SONGS miwa～歌は勇気を届ける～」や各種メディアでの取材記事をもとに，筆者が作成した。なお「情熱大陸」についてはDVDも発売されている。

内容ついては，中学校時代・高校時代を中心に大学卒業時の選択，楽曲作成の苦労，そして「結―ゆい―」に込めた思いで構成している。

3 手法・工夫・ポイント

歌を創った人のことを何も知らずに「歌詞」の内容を考えるより，歌を創った人の人生や想いを知ってから曲を聴いて「歌詞」を考える方が「深い学び」ができる。

淡々と感情を抑えた歌は聴く人間を頭で知的に理解しようとさせる。ところが感情豊かな表現で歌う人の歌は心で情緒的に主体的に理解させる。

頭で共感するのか，心で共感するのか，どちらがよいのか授業者が判断して欲しい。

感情表現豊かな「結―ゆい―」はNコンでmiwaさんが歌ったものが一番グッとくるものがあるので，お薦めしたい。録画したものがなければ，CD「初回生産限定版」のDVD「結―ゆい―」も素晴らしい。読み物教材にはない力をJ-POP教材はもっている。

4 授業の実際

❶「私は誰？」メジャーデビュー曲『don't cry anymore』

・miwa（曲を聴いた後写真の提示）

ほとんどの生徒は知っている。
「miwaさんってどんなイメージ？」
「ストリートミュージシャン」「ギター」「Nコンの課題曲を作った」
「さて，miwaさんは，どんな人生を歩んできたのでしょう」

❷ miwaさんの姿からどんなことを考えましたか？

・夢のために行動を始めることがすごい
・自分の考えで人生を歩めている
・好きだからではなく職業というプロ意識
・納得いくまで考え行動し追求していく姿勢
・もっとテストにも緊張しなきゃいけないと思った

「皆さんの中で将来の夢のために何かやっている人はいますか？」と聞くと，数人手が上がる。
「野球」「サッカー」「ピアノ」等。
「高校でやりたいことを認めてもらえなかったらあなたならどうする？」
「あきらめる」「高校をやめる」
「両方やりきったmiwaさんはすごい」
「miwaさんの曲作りに対してどんなことを感じますか」
「聞く側の人のことを考えている」「自分勝手じゃない」「研究熱心」「あきらめない」
「一流企業か夢だった歌手か，あなたならどちらを選びますか？」
「ぜいたくな悩みだ」「自分にそんな頭があれば安定かな」という声があり，どちらかと言えば安定を望む生徒の方が多い。

❸「結―ゆい―」を視聴してどんなことを感じますか？

・伝えたいという気持ちがわかる
・小柄でもmiwaさんのパワーはすごい
・大人のために生きているわけじゃない，自分の人生は自分で創り上げたい
・簡単じゃないでもあきらめない
・ひとりだと弱いけど集まればすごいエネルギーになる
・miwaさんはひとりでどうして頑張れたのだろう

「どんな気持ちが伝わってきますか？」
「私もおんなじだよ」「一人じゃないよ」「頑張れ」「信じることをあきらめないで」「眠っている力に気がついて欲しい」「絆を感じて欲しい」
「miwaさんは一人で頑張った？」
「聴く人とつながってそこからエネルギーをもらっているんだと思う」

❹教師の説話

　高校時代，路上ライブしながらも一流大学に合格するというのはどれだけの苦労があったことかと思います。彼女は自分のことを「真面目」と言うことをよく耳にしますが，それこそが彼女の全ての源のような気がします。
　しかも，自分のことを押しつける真面目さではないからこそ，彼女の歌は多くの人の心に響くような気がします。
　ひとつのものを成し遂げよう，創り上げようというとき，彼女の姿と歌を思い出して欲しいと思います。

道徳教材「職業シンガーソングライター miwa さん」

　miwa さんは神奈川県出身，身長149㎝と小柄ながらパワーあふれる歌声をもつシンガーソングライターだ。

　miwa さんがギターを弾いたり，曲を書き始めたりしたのは中学校3年生。もともと音楽が好きだったので，シンガーソングライターという夢に向かっての準備を始めるかたわら「本当は何になりたいんだろう。私の才能はどれくらいなんだろう」と真剣に考えていた時期でもある。

　高校に進んだ miwa さんは勉強にも手を抜かないで，大好きな音楽活動も続けたいと思っていた。ところが高校では芸能活動が禁止されていたため，表だった活動はなかなかできなかったし，学校の友達にも音楽のことを話すことはなかった。

　祖母の実家がある沖縄に帰る時にはショッピングモールわきの路上で，ギター1本を抱えよく路上ライブをした。聴いてくれる人がどんなに少なくても歌い続ける日々。販売する CD は自分で絵を描いた手作りだ。ライブでは自分の作った曲を聴いてどんなことを感じてくれているのか，毎回のようにアンケートをとる。聴く人に求められる曲を作るのは大変。曲を作ると決めても，作れなくて投げ出したくなる時期もあった。そんなときは「できるはずだ。やれるはずだ」と自分に言いきかせ，自分の信じた道を歩み続けた。

　高校卒業時も慶応大学卒業時も「職業人としてのシンガーソングライター」を目指すのか，普通の人生を目指すのか悩んだ。19歳でメジャーデビューを果たしたのに進路決定の迷いは大学卒業時まで続く。

　miwa さんは「職業人としてのシンガーソングライター」を目指している。つまり，自分が歌いたいものをただ発信するのではなく，「聴く人が求める，聴く人の心に届く歌」を創り上げたいと考える。聴く人にアンケートを取るというのはそういう彼女の思いの表れだ。また，創作ノートには曲を創るためにたくさんの言葉を書き記すのが習慣だ。そしてその中から聴く人の心に届く言葉を慎重に選んでいく。N コンから課題曲に与えられたテーマは「力」。

　コンサートの前の緊張度を聞かれると「学校でのテスト前の緊張と同じ」と話す。miwa さんは真面目であることを恥ずかしいとは思わない。何でも悩みながら，あきらめずに妥協せずに真面目に歩んできた。miwa さんのどこまでもまっすぐ伸びていく歌声は彼女の生き方そのものだ。その彼女が全国の中学生の心に向けて創った歌をしっかり心で聴きたい。

※主な参考資料
　2014年10月26日「情熱大陸」（毎日放送），2016年4月7日「SONGS」（NHK）

道徳ワークシート「miwaさんと『結―ゆい―』」

　Nコンで中学生に歌ってもらうために作った「結」。2016年度NHK合唱コンクール課題曲のテーマは「力」だった。miwaさんはこの曲に込めた思いを話す。
　「みんなと力を合わせれば大きな夢を叶えられたり，みんながいるから叶えられる夢がある。一人一人の力や思いはもちろん大切だけど，それが集まって結ばれるととても大きなエネルギーになる」
　また，「中学生の人が私の歌を歌ってくれることに私自身も励まされ，そのために頑張れる自分もいる。力をもらって，また誰かの力になる，エネルギーの循環もこの曲を書いて改めて感じることができた」とも話す。

「職業シンガーソングライターmiwaさん」を読んで考えたこと

「結―ゆい―」を視聴して感じたこと

今日の授業を終えて考えたこと

道徳学習指導案「結─ゆい─」

1　主題　A −(5) 真理の探究，創造
2　教材　miwa「結─ゆい─」4分41秒「職業シンガーソングライター miwa さん」（自作教材）
3　本時のねらい
　　　miwa さんの姿と「結─ゆい─」から新しいものを創造しようとする姿勢の大切さについて考える
4　本時の展開

過程	時配	主な発問　●学習活動　・予想される反応	○補助発問　・留意点
導入	8	●miwa「don't cry anymore」を1分間聴く。 これを歌っているのは誰でしょう？ ・miwa さん。 ●本時の授業の学習課題を知る。 miwa さんの姿と「結─ゆい─」から新しいものを創造する姿勢について考えよう。	・正解が出た後に miwa さんの写真を提示する。 ○彼女について知っていることはありますか？ ・出だしの歌詞を復唱して読み上げる。
展開 前段	17	●教材「職業シンガーソングライターmiwa さん」を読んで考える。 miwa さんの姿からどんなことを考えましたか？ ・夢のために行動を始めることがすごい。 ・自分の考えで人生を歩めている。 ・好きだからではなく職業というプロ意識。 ・納得いくまで考え行動し追求していく姿勢。 ・もっとテストにも緊張しなきゃいけないと思った。	・教材，ワークシートの配付。 ○中学生でもう自分の夢のために何かを始めている人はいますか？ ○高校で認めてもらえなかったらあなたならどうする？ ○有名大学から一流企業か一発勝負の歌手か，あなたならどちらを選びますか？ ○miwa さんの曲作りに何を感じますか？
展開 後段	20	●「結─ゆい─」を視聴して感じたことを分かち合う。 「結─ゆい─」を視聴してどんなことを感じますか？ ・伝えたいという気持ちがわかる。 ・小柄でも miwa さんのパワーはすごい。 ・大人のために生きているわけじゃない，自分の人生は自分で創り上げたい。 ・簡単じゃないでもあきらめない。 ・ひとりだと弱いけど集まればすごいエネルギーになる。 ・miwa さんはひとりでどうして頑張れたのだろう。	・NHK N コンバージョンを視聴させる。 ・気になった歌詞にラインマーカーを引かせる。 ・自分の考えが書けない生徒には気になった歌詞を書かせる。
終末	5	●今日の授業を振り返る。 今日の授業を終えて考えたことを書こう。 ・miwa さんの歌がどうして心に響くかわかった気がする。 ・自分も自分の人生を真面目に創り上げていきたい。	・発表はしないで自分の心の中で，自分自身と対話させる。

⑤ GReeeeN「ハローカゲロウ」(4'29")
― ライバルとしての友情について考える ―

B-(8) 友情, 信頼

あの日キミが　誰にも見えないように泣いていたの見たとき
その気持ちがいつかきっと実を結び　叶ってほしくて祈っていた

立ちふさがった壁が高いほど　登った時　遠くが見えるもんさ！

〜サァ　イッポ　ニホ〜

止まんなけりゃ進むでしょ　何度　大丈夫って　思って
声の限り　キミの名を呼ぶでしょう　キミのこれまで　応応応応応
強く優しい　それを信じろ　『ハロー』

あぁ，これまで過ごした時間が　キミと共にそこに居るんだね
その全部をわかるわけじゃないけど　その目を見てたらわかるから

ほんの少しの勇気の鍵を　この声のせ　キミに届けたいんだ！

〜サァ　キット　カツゾ〜

負けないのは自分にでしょ　毎度　毎夜　流す涙
その心　おとずれた『カゲロウ』　いくつもの声　wow wow wow wow wow
勇気と変われ　想い伝われ　『ハロー』

残酷で現実辛すぎ　またまた傷つき時々,,,雨
だけど神様　少しの間　力を与えてくれませんか

泥だらけのキミが笑ってた　そして空を見上げていたね
胸を張った「タダイマ」　待ってるから
キミを見ていると　なんかボクにも聞こえる声がある
『キコエマスカ　ワタシヨ,,,』

〜サァ　イッチョ　ショウタイム〜

誰にも譲れない夢　そんで飛んでいく羽となれ
アリガトウ　キミくれた明日で
ここから先へ　3　2　1　Let's go!!!!
本当のボクの声を聞くんだ　『ハロー』を追う方

それぞれ抱えた『カゲロウ』が　目を覚ます時
響き出してく　『ハロー』

『ハローハロー，カゲロウ』
ボクら呼ぶよ

作詞・作曲　GReeeeN

1 こんなときに！（ねらい・価値）

「真の友情は、相互に変わらない信頼があって成り立つものであり、<u>相手に対する敬愛の念がその根底にある</u>。それは、<u>相手の人間的な成長と幸せを願い、互いに励まし合い、高め合い、協力を惜しまないという平等で対等な関係である</u>。友達を「信頼」するとは、相手を疑う余地がなく、いざという時に頼ることができると信じて、全面的に依頼しようとする気持ちをもつことであり、<u>その友達の人間性に賭けることである</u>。相手の人柄に親しみを感じ、敬愛する気持ちをもち続けることである」（学習指導要領解説・下線は筆者）

「相手の人間的な成長と幸せを願い、平等で対等な関係」というのは学校の日常生活ではなかなか見られにくいものである。今回の教材はオリンピックでの友情を扱っているので、体育祭や文化祭、部活動の総合体育大会など非日常場面に臨むときなどに実施すると効果的である。

2 教材について

「ハローカゲロウ」は、GReeeeNの31枚目のシングルで、フジテレビ系平昌オリンピック中継テーマ曲となっていた。初回限定版にはMVがついており、こちらはイラストを使用したモーションコミックで描かれたストーリーとなっている。テーマは「頑張りの連鎖」で「誰かが羽ばたく姿を見て、自分にも羽があることに気付いてもらいたい」というメッセージが込められている。

今回はフジテレビ系列が編集して2018年2月25日の「HERO'S」で放映した平昌オリンピックダイジェスト版を使用した。この動画は秀逸で感動的にオリンピックを振り返ることができ、「ハローカゲロウ」の歌詞も表示されているので、ぜひ探してみてほしい。

また、読み物教材として「小平奈緒選手とイ・サンファ選手」を作成してあるが、これは2018年2月19日の2人揃っての共同会見での内容から作成している。

3 手法・工夫・ポイント

オリンピックの教材化は学習指導要領でも推奨されている。平昌オリンピックの場合、小平奈緒選手以外にも、羽生結弦選手やカーリング女子チームなど、たくさん可能であるが今回は小平奈緒選手とイ・サンファ選手の友情秘話に焦点を当てた。

読み物教材の他にできるだけ動画を用意した方が2人の人間性や感動が伝わりやすい。NHKでは「小平奈緒 銀メダルのイ・サンファとの友情を語る 一夜明け会見」などの動画をYouTubeで公開している。

「ハローカゲロウ」の歌詞自体は「友情・信頼」をテーマにしたものではないが、その歌詞はオリンピック選手だけでなく、真剣に夢に向かっている中学生には共感しやすい歌詞になっている。

自分の夢に向かっている中でも友情は存在している、人間って素晴らしいんだぞ、ということを生徒に実感させたい。

4 授業の実際

❶ 平昌オリンピックでどんなことが印象に残っていますか？
- フィギュアスケート　・カーリング
- スピードスケート　・ジャンプ
- スキー　・スノボー　・そだねー

❷ GReeeeN は「ハローカゲロウ」をオリンピックテーマ曲としてどんな気持ちを込めて作ったのだろう？
- 4年に1回，しかも特別な祭典という感じが伝わってくる
- 選手は重いものを背負っているけどそれを応援したいという気持ち

「カゲロウは昆虫のカゲロウと空気が揺らめく現象の2通り考えられますが，それがオリンピックとどうつながるのだろう？」

「どちらのカゲロウの意味も含んでいると思う」「その時だけはかない羽根ができる」
「共感できる部分は？」
「止まんなけりゃ進むでしょ」「負けないのは自分にでしょ」「残酷で現実辛すぎだけど神様 少しの間 力を与えてくれませんか」「胸を張った『タダイマ』待ってるから」

❸ 小平奈緒選手とイ・サンファ選手の関係について，どんなことを感じますか？
- お互い尊敬し，信頼し合っているからこそ本当の友情が生まれる
- 4年にたった一度の舞台で自分たちの友情を貫けることがすごい
- 本当にふたりの表情が穏やかで信頼し合っていることがよくわかる

「レース後のサンファの涙の意味は何だったのだろう？」
「悔しさではない気がする」「やっと解放されるという気持ち」「ケガを乗り越えられたうれしさ」
「教材の空欄には報道陣に質問された時の奈緒の言葉が入りますが，何と答えたと思いますか？」
「頑張れ」「ベストを出してほしい」
「奈緒には『自分の記録を超えないでくれ』という気持ちはなかったのかな？」「奈緒は『友達』の気持ちで見ていたと言います」「14組目奈緒が新記録を出した後，奈緒は観客席に対してどんな行動をとったと思いますか？」「みんな静かにして！ サンファに集中させてあげて，というポーズを取りました」

❹ 教師の説話
　光によって空気がゆらゆらと揺らめく現象のことを「陽炎」と言いますが，その不安定で儚いイメージから，カゲロウという昆虫の名前の由来はきているという説があります。成虫は寿命が1日から1週間ですが，水中の幼虫時代は半年から1年と長く，その間脱皮を40回も繰り返す種類もあります。この曲はその姿とオリンピックに挑む選手達と重ね合わせて作られたような気がします。
　その究極の状況で保てる「友情や信頼」というのは本当にすごいと思いました。だからこそ多くの人が感動したのだと思います。

道徳教材「小平奈緒選手とイ・サンファ選手」

　平昌冬季五輪スピードスケート女子500m。バンクーバー五輪，ソチ五輪でこの種目を連覇した，世界記録保持者の韓国イ・サンファが，五輪3連覇の偉業を達成するか。それともこの1年間，W杯と世界選手権で無敗を誇る日本の小平奈緒が勝つのか注目が集まるレースだった。

　14組目に滑った奈緒のタイムは36秒94，五輪新記録だった。会場中がどよめき日本から来た応援団は優勝したかのように喜んだ。

　サンファは15組目。地元の声援を背に全力を尽くしたがタイムは伸びずに2位。16組目の結果も2人のタイムを上回ることができず，奈緒の金メダル，サンファの銀メダルが確定した。

　サンファは，ケガを乗り越えて迎えた母国韓国でのオリンピック，しかも五輪3連覇を期待されて，大きなプレッシャーのなかで戦っていた。銀メダルに終わり韓国旗を手にしながら泣きじゃくるサンファに，日の丸を肩に掛けた奈緒が近づき，肩を抱いて言葉をかけた。

　「チャレッソ。（韓国語で『よくやった』の意味）でも私はまだあなたのことを尊敬しているよ」

　「ナオこそ1500mも1000mもあったのにすごいよ」とサンファは年下だけどリスペクト（尊敬）しているという奈緒に返した。

　リンク上での涙の抱擁から数十分が過ぎ，2人はメダリスト会見で壇上に並び，微笑みながら互いのエピソードを語った。

　2年前，韓国ソウルで行なわれたW杯で参戦9年目にして初めて女子500mで初優勝を飾った奈緒は，大会終了後すぐに帰らなければならなかった。

　「タクシーを呼んでくれたのはサンファで，しかも空港までのタクシー代までだしてくれたんです」貯金を取り崩しながら世界を回っていた奈緒にとってどれだけ嬉しかったことか。しかもサンファは母国，韓国での大会で敗れた相手に対して。

　サンファもエピソードを語る。

　「私が日本に行った時はいつも奈緒は面倒を見てくれます。和食が好きな私のために，日本食も送ってくれるんですよ。特別な存在です」

　「今回の平昌五輪500mで，奈緒は自分のレースが終わったあと，サンファのレースをどんな気持ちで見ていたのか」という報道陣の質問に対して，奈緒は次のように答えた。

　「『（　　　　　　）の気持ち』で見ていました」

　金メダルが確定したとき，長い間苦労を重ねてきたにもかかわらず，奈緒は派手に喜びの感情を爆発させることはなかった。むしろサンファと一緒にいる奈緒を見ていると，氷上にもう春が来たのかと思うほどの暖かさを感じるのはなぜだろう。

実践　J－POPで道徳授業

道徳ワークシート「平昌冬季オリンピック」

「ハローカゲロウ」をGReeeeNは平昌オリンピックテーマ曲としてどんな気持ちを込めてつくったのだろう？

小平奈緒選手とイ・サンファ選手の関係について、どんなことを感じますか？

今日の授業を通して考えたことで、これからの自分に生かせることは何でしょうか？

道徳学習指導案「ハローカゲロウ」

1　主題　B-(8) 友情, 信頼
2　教材　GReeeeN「ハローカゲロウ」4分29秒「小平奈緒選手とイ・サンファ選手」(自作教材)
3　本時のねらい
　　GReeeeN「ハローカゲロウ」と「小平奈緒選手とイ・サンファ選手」の関係からライバルとしての友情について考える
4　本時の展開

過程	時配	主な発問 ●学習活動 ・予想される反応	○補助発問 ・留意点
導入	12	●「ハローカゲロウ」平昌オリンピック総集編を視聴する。 どんなことが印象に残っていますか？ ・フィギュアスケート。・スピードスケート。 ・カーリング。・ジャンプ。・スノボー。 ●本時の授業の学習課題を知る。 「ハローカゲロウ」と「小平奈緒選手とイ・サンファ選手」からライバルとしての友情・信頼関係について考える。	・フジテレビ系列2018.2.25放送「HERO'S」のものがベストだが，なければCDを聞きながらオリンピックの写真をスライドで見たり映像で見ても良い。 ・あまり時間をかけすぎないようにしたい。
展開前段	15	●「ハローカゲロウ」を聴く。 GReeeeNは平昌オリンピックテーマ曲としてどんな気持ちを込めて作ったのだろう？ ・どちらのカゲロウの意味も含んでいると思う。 ・4年に1回，しかもいろんな種目でやる特別な祭典という感じが伝わる。 ・止まんなけりゃ進むでしょ何度も大丈夫って思って。 ・負けないのは自分にでしょ。 ・残酷で現実辛すぎだけど神様 少しの間 力を与えてくれませんか。 ・胸を張った「タダイマ」待ってるから。	・ワークシートを配付する。 ○カゲロウは昆虫のカゲロウと空気が揺らめく現象の2通り考えられるが，それがオリンピックとどうつながるのだろう？ ・ここでは歌詞を見ながらCDでじっくり聴かせたい。 ・気になる歌詞，共感できる歌詞にラインマーカーで線を引かせる。
展開後段	19	●「小平奈緒選手とイ・サンファ選手」を読む。 ふたりの関係についてどんなことを感じますか？ ①サンファの涙は重圧から解放された涙。 ②「友達の気持ち」で見ていました。 ③サンファが集中できるように「静かにして」という意味で「シー」と口の前に1本指を立てた。 ・お互い尊敬し，信頼し合うことが本当の友情。 ・国を背負った4年にたった一度の舞台で自分たちの友情を貫けることがすごい。 ・本当にふたりの表情が穏やかで信頼し合っていることがよくわかる。	・教材を配布し，奈緒，サンファの写真を掲示する。 ①サンファの涙の意味は何だったのだろう？ ②報道陣に質問された時，奈緒は何と答えたと思いますか？ ③14組目奈緒が新記録を出した後，奈緒は観客席に対してどんな行動をとったと思いますか？ ・読み物教材の場面の映像を動画で見せる。
終末	4	●今日の授業を振り返って自分の生活を見つめる。 今日の授業を振り返って自分の生活に生かせることはなんだろう？ ・ともに高め合えるライバルができるといいな。 ・夢が一緒の人を探して高め合いたい。 ●教師の話を聞く。	・展開部分で十分価値追及は行っているのでここでは発表はしないで自分自身との対話で留めておく。

⑥ コブクロ「未来」(5'24")
―友達の重い荷物をもつ友情・信頼関係について考える―

B－(8) 友情, 信頼

僕が夢を忘れそうな時　君の涙で思い出す
何の為に歩いてきたのか　何度でも教えてくれる
土手に垂れた　二度目の春を　連れて歩いた　片恋風
君といつか　同じ枝の上　並んで咲いてみたい

時々　切ない瞳で笑うのは
まだ　見せられない心があるんだね

こんなにか細く　折れそうな
枝の先にも　君の未来が生まれてる
未だ見ぬ日々を　切り落とさないで
今を笑って　振り返る　君を守りたい

君が　心折れそうな時　この肩にもたれてくれたら
抱えていた　大きな荷物も　大切に運ぶから

僕の明日には　いつでも　君がいて
どんな迷いも鎮める　風になる

このまま好きでいれるのなら
想いは届けぬままでいいと
結ばれぬまま　解けもしない
心深くに　身を知る雨

こんなにか細く　折れそうな
枝の先にも　君の未来が生まれてる
未だ見ぬ日々を　切り落とさないで
今を笑って　振り返る　君を守りたい
心深くに　身を知る雨　抱きしめる
そばにいたいから
そばにいたいから

作詞　小渕健太郎　作曲　小渕健太郎・黒田俊介

1 こんなときに！（ねらい・価値）

「友達であるからこそ，悩みや葛藤を経験し，共にそれを乗り越えることで，生涯にわたり尊敬と信頼に支えられた友情を築くことができることへの自覚が重要である。友情は，人間にとってその人生を豊かにするかけがえのないものである。友情によって喜びは何倍にもなり，悲しみや苦しみは分かち合うことができる。人間として互いの人格を尊敬し高め合い，悩みや葛藤を克服することで，より一層深い友情を構築していこうとする意欲や態度を育んでいくことが肝要である」（学習指導要領解説・下線は筆者）

実際には，信頼し合って深い自己開示ができる友人関係をもっている生徒は少ない。だからこそ理想の友人関係のモデルを示す意味は大きい。自分の荷物をもつだけでも大変なのに，友達が重い荷物で苦しんでいるときにそれを仲間で支えようとする姿に感じるものは大きい。年度当初や学期始め，班替え・席替え等折り目に実施するとよい。

2 教材について

「未来」は，コブクロの27枚目のシングル。2015年12月公開映画『orange―オレンジ―』主題歌としてつくられたものである。CDの発売と同時にWarner Music Japanより映画『orange―オレンジ―』と連動していくつかの動画を公開している。本時で使用したのは次の2本である。1本目は「コブクロ『未来』コミックス『orange』ver.」こちらは高野苺原作漫画でストーリーを追えるようにつくられている。2本目は「コブクロ『未来』映画『orange ―オレンジ―』ver.」で，こちらは土屋太鳳＆山崎賢人の実写版映画のストーリーを追えるようにつくられている。

その他に映画「orange ―オレンジ―」のストーリーをまとめた読み物教材を用意した。

また，最後に流す「未来」はCDでもよいが，コブクロがLIVEで歌っていて歌詞が流れるものがあればベストであろう。

誰しも過去に戻ってやり直したいことはあるものである。「過去に戻って自殺した友達を救いたい」という主人公たちの行動から考えることは多いだろう。

3 手法・工夫・ポイント

今回の主たる教材は動画2本である。この2本を使用することにより，映画の内容についてはほぼ理解できるだろう。補足のためにストーリーを読み物教材とした。

最初の「友達関係で後悔したことはあるか」という問いについては，深い自己開示になるので，学級の状態によっては発表せずに，自問自答にとどめておく方が良いだろう。

メインの発問「重い荷物をともにもって助けたいと考える彼らをどう思うか」では，それがどれだけ大変なことなのか，尊い行為なのか，ということを話し合いの中で実感させたい。ただし，友達関係がうまくいっていない子どもには，あくまで教材の中の人物に置き換えての感想に留めた方がよいだろう。

また，動画が2本＋1曲で約17分使用してしまうが，子どもたちの心にしっかり刻み込

まれるだろう。

4 授業の実際

❶未来と過去，行けるとしたらどちらがいいですか？
・未来35%　・過去65%
・未来を知ったらおもしろくない
・過去に戻って勉強をやり直したい

❷過去に戻ってやり直したいことはありますか？
・勉強を真面目にやり直したい
・友達に傷つくことを言ったことをやり直したい
・水泳をやめなければ良かった
・お母さんにひどいことを言ってしまったので，言わないようにしたい

❸重い荷物をもって翔を助けたいと考えている5人の行動をどう思いますか？
・友達が死んでしまうというのは一番つらいことだから必死になれるのだと思う
・こんなに友達のことを思える仲間がいることはうらやましい
・翔を助けようとして，実はこの5人も後悔のない行動の選択ができるようになっていると思う

「なぜ，彼らは真剣になれるのだろう？」
「友達が死んでしまうというのは大変なこと」「こういうことがなければ，そんなに深刻に物事を考えないと思う」
「みなさんもこれだけ真剣に友達と関わったことはありますか？」
「悩みは聞いてあげたことはある」「あまり悩みは話さない」
「どうして悩みを話さないんですか？」
「話しても解決しない」「相手を重くするのが嫌」「真剣に聞いてくれる人がいない」

❹映画の内容と「未来」の歌詞はどう関わっていると思いますか？
・「肩にもたれてくれ」というのが「悩みを打ち明けてくれ」ということだと思う
・「抱えていた大きな荷物」が「翔がお母さんを死なせたと思っていること」
・「枝分かれは人生の選択で自分の未来が変わっていくということだと思う」
・「同じ枝の上に並ぶというのは，ともに人生の選択を一緒に歩んでいくこと」

❺教師の説話
「orange」の中でもキーワードとして出てくる10年。みなさんの10年後は23歳〜25歳。人生の岐路にとった行動の選択によって，あるいは出会ったすべての人によって皆さんの人生は枝分かれしていき，その枝の先で様々な花を咲かせることになります。

自分はどんな枝の先にどんな花を咲かせるのでしょうか。それは現在の友達に限らずこれから出会うだろう多くの人たちとの関わりの中で決まってきます。

だからこそ出会ったすべての人と信頼し合える関係をつくっていって欲しいと願っています。

道徳教材「映画『orange―オレンジ―』」

　松本市の女子高校生・高宮菜穂（たかみやなほ）は２年生になった始業式の日，差出人が自分の名前になっている手紙を受け取る。その手紙には，10年後の自分が後悔をしていて，その後悔を16歳の自分には味わってほしくないこと，後悔が残った出来事が書かれていた。

　ある日，その日手紙に書かれていた通りに成瀬翔（なるせかける）が東京から転校してくる。「手紙の通りだ」と不思議な気持ちになった菜穂。

　手紙には，「この日だけは翔を誘わないでほしい。絶対に」と書かれていた。だが，半信半疑のまま，仲のよい４人の仲間と翔を誘って寄り道をして帰宅を遅らせてしまう。実は，その間に鬱病だった翔の母親が自殺をしてしまったのだ。「早く帰ってきて」と母親に言われていたのに帰宅が遅れた翔。そのことから翔も「母親を殺した自分は幸せになってはいけない」と母親を救えなかった自分を責め続け，翔は17歳の冬に自転車でトラックに飛び込み自殺したのだという。

　10年後の菜穂が手紙を書いた目的は翔を自殺から救うことだと分かり，16歳の菜穂たち仲間５人は「翔がいない未来」を変えるために手紙に書かれているアドバイス通りに行動しようと努力する。勇気を振り絞って行動することにより，過去の悲しい出来事を楽しい思い出にひとつひとつ変え，翔が「死にたくない」と思う人生になるよう懸命に行動していく菜穂たち５人。「母親を死なせた自分が笑って生活していてはいけない」そう考える翔に５人は言う。「重たい荷物はみんなで持てば重くない！」

　そして，ついに翔の事故が起きた日がやってくる。その日，翔は母親が残したビデオメッセージを偶然見つける。そこには「母親が部活をやめるように言ったことや勝手に東京から松本へ転校を決めたことの理由が，翔が友達との関係を悩んでいたからの行動だった」ことがあかされていた。これまで転校は母親の勝手な行動だと思っていたことも全て自分の為だったと気づいた翔は，罪悪感で胸がいっぱいになり，思わず自転車に乗り家を飛び出す。

　猛スピードのまま自転車で坂を下りる翔。必死で自殺を食い止めようと探す菜穂たち５人。自転車の前に現れるトラック。果たして翔は自殺を思いとどまることができたのだろうか。

道徳ワークシート「orange・未来」

あなたには，これまで友達との関わり方の中で，後悔が残っていてやり直したいことがありますか？

菜穂たち5人が翔の重い荷物をみんなで持とうとしている姿から何を感じますか？

あなたは，映画「orange—オレンジ—」・コブクロ「未来」からどんなことを考えましたか？これからの自分に生かせることは何でしょうか？

道徳学習指導案「未来」

1 主題　B−(8) 友情，信頼
2 教材　コブクロ「未来」5分24秒「映画『orange―オレンジ―』」（自作教材）
3 本時のねらい
　　　コブクロ「未来」と映画「orange―オレンジ―」を通して友達の重い荷物を持つ友情・信頼関係について考える
4 本時の展開

過程	時配	主な発問　●学習活動　・予想される反応	○補助発問　・留意点
導入	8	●自分自身の過去の決断について振り返る。 　過去に戻ってやり直したいことがありますか？ ・もう少し勉強を頑張っておけば良かった。 ・友達に傷つくことを言わなければ良かった。 ●本時の授業の学習課題を知る。 　コブクロ「未来」と映画「orange―オレンジ―」を通して友達の重い荷物を持つという友情・信頼関係について考える。	○未来と過去，行けるとしたらどちらに行きますか？ ・深い自己開示についてはワークシートには書かせないようにする。 ・物語はＳＦであることを伝える。
展開前段	6 6 6 10	●物語のあらすじを「『未来』コミックス『orange』ver.」（5分）映像で確認する。 ●物語のあらすじを読み物教材で把握する。 ・未来からの自分の手紙を高宮菜穂が受け取った。 ・翔と翔の母親は自殺をしてしまった。 ・高宮菜穂を合わせて5人の仲間が翔を助けようとする。 ●物語のあらすじを「『未来』映画『orange―オレンジ―』ver.」（5分）映像で確認する。 ・パラレルワールドで別の歴史が生まれる。 ・翔は自転車でトラックに突っ込んでいく。 ●菜穂たち5人の気持ちを考える。 　重い荷物をともに持って助けたいと考える彼ら5人の行動をどう思いますか？ ・絶対に友達を死なせたくないという強さ。 ・自分のことで精一杯なのに人のことを真剣に考えるのがすごい。	・主人公が高宮菜穂で10年後の自分からの手紙を受け取ったことをしっかり押さえたい。 ・あえて，2パターンの映像を流す間に読み物教材を入れることにより，139分のストーリーを知的情的にしっかり理解させたい。 ・恋愛ではなく5人の友情として捉えさせたい。 ・翔を想う5人の仲間の行動に共感させたい。 ○なぜ，彼らは真剣になれるのだろう？ ○あなたも真剣に友達の悩みに関わったことがありますか？ ・友人関係が上手くいっていない生徒には，自分のことではなく，映画上の事として考えさせたい。
展開後段	10	●コブクロ「未来」歌詞付きLIVE映像を視聴する。 　映画の内容と「未来」の歌詞はどう関わっていると感じますか？ ・枝分かれが，その人の人生の未来を表している。 ・枝分かれが，人生の広がり。 ・疲れている友に肩を貸せる自分になりたい。	・今からの一瞬，一瞬の決断はすべて自分で決定できるし，それによって未来の枝が決定できることを情的に理解させ，勇気を持たせたい。
終末	4	●今日の授業を振り返って自分の生活を見つめる。 　今日の授業を振り返って自分の生活に生かせることはなんだろう？ ・未来につながるからこそ悔いのない決断をしたい。 ・自分本位の友達とのつきあい方を見直したい。 ●教師の話を聞く。	・中学校で親友ができなくても高校や社会に出てできることも多いので，見つける努力の大切さを伝えたい。 ・価値観の押しつけにならないように曲の余韻をもたせながら授業を終わらせたい。

B-(9) 相互理解，寛容

乃木坂46「今，話したい誰かがいる」(4'18")
―言葉の伝え方について考える―

一人でいるのが　一番楽だった
誰かと一緒にいると　僕は僕じゃない
小さい頃から　ブランコが好きで
シーソーに乗っている時は　ただ相手に合わせた

気づけば君はいつのまにか　僕のすぐ近くにいるのに
僕は僕らしく　そう普通でいられるのは　なぜだろう？

それが恋と知ってしまったなら
こんな自然に話せなくなるよ
だから僕たちは似た者同士
気の合う友達だと思ってる
目の前にはいつもヒントがあり
紛れもない過去の答えがある
あきらめるなら一人でいいけど
夢を見るなら君と一緒がいい
話したい誰かがいるってしあわせだ

林檎を剥く時　母親の指先が
滑って切ってしまいそうで　嫌いと嘘ついた

何も欲しいと言わなければ　永遠に傷つかずに済む
僕は何回か　その瘡蓋（かさぶた）を見て学んだ
望まない

これが恋と知ってしまったんだ
一本のコーラ　二人飲んでから
急に　僕たちはドキドキとして
お互いに異性だと思い出す
今までならきっと逃げてただろう
君のことを失うのが怖い
片想いなら黙っていればいい
両思いなら気づかなければいい
話したい誰かがいるっていいもんだ

僕の部屋　片隅で漫画読んでる
君とだったら　シーソー乗ってみよう

それが恋と知ってしまったなら
こんな自然に話せなくなるよ
だから僕たちは似た者同士
気の合う友達だと思ってる
目の前にはいつもヒントがあり
紛れもない過去の答えがある
あきらめるなら一人でいいけど
夢を見るなら君と一緒がいい
話したい誰かがいるってしあわせだ

作詞　秋元康　作曲　Akira Sunset・APAZZI

1 こんなときに！（ねらい・価値）

　内容項目B −⑼の概要，指導の要点について学習指導要領解説では，次のように示している。「自分の考えや意見を相手に伝えるとともに，それぞれの個性や立場を尊重し，<u>いろいろなものの見方や考え方があることを理解</u>し，寛容の心をもって謙虚に他に学び，<u>自らを高めていくこと</u>」（下線は筆者）
　小学校高学年と比較すると下線の部分が中学校では加わってくる。小学校の発達段階ではなかなか理解できなかった見方や考え方が中学生では理解できるようになってくる。また，反面，批判的な見方もできるようになってくる。このような中で重要なことは「自らを高めていくこと」である。他を理解し，認めることによって自分を卑下したり内面に籠もったりするのではなく，正しく自己主張できるようにしていきたいものである。
　本授業では場面緘黙（かんもく）症の生徒が登場する。教師の半数以上は出会ったことがあるであろう。100人中2〜3人はいるという説もあるが，そういう生徒がいる場合は配慮が必要であろう。

2 教材について

　「今，話したい誰かがいる」は乃木坂46によって2015年にシングルCDがリリースされた，秋元康作詞の楽曲である。CDのみのバージョンとMVのDVDがついたバージョンがあるので，MVの映像が付いたものを用意したい。場合によっては公式ホームページでもMVは視聴することができる。
　また，「今，話したい誰かがいる」という楽曲は映画「心が叫びたがってるんだ。」の主題歌となっている。
　さらには24時間子供SOSダイヤルのポスターにも採用されており，文部科学省から全国の小中高等学校に配布されているので掲示している学校も多いことだろう。
　もう1つの教材は映画「心が叫びたがってるんだ。」の映画予告編（1分55秒）を使用している。予告編はいろいろなバージョンで製作されているが，アニプレックスの公式YouTubeチャンネルのものを使用した。ストーリーをすべては理解できないが，主人公が何を悩んで，どういう状況にいるかは理解できるだろう。

3 手法・工夫・ポイント

　学びの質の向上や深まりを求めるためには，課題の発見・解決に向けた主体的・対話的な学びが有効である。今回の学習指導要領の改訂にあたっては「アクティブ・ラーニング」という言葉でクローズアップされた。授業方法においても大切な視点であるが，本当の「アクティブ・ラーニング」の成果とは，学校を離れたときに，子どもたちがいかに主体的に能動的に学ぶことができるか，ではないかと考えている。
　この授業の後，映画を自分で見て考えてみようとか，あるいは他の映画にも道徳的視点が生まれるようになることが，本当の「アクティブ・ラーニング」ではないかと考えている。

また，本授業では「友達」と「またね」という2つの手話を学習する。2018年5月10日現在，全国に手話言語条例が22道府県1区137市19町計179自治体で成立しているが，手話学習の奨励も意識している。

4 授業の実際

❶このポスターを見たことがありますか？ この歌の歌詞にある「林檎が『嫌い』と嘘をついた」を考えてみよう

・お母さんに食べさせたかったから
・自分がリンゴをむいてあげたかったから
・いつもリンゴばかりになったから

　ポスターについては校内に掲示しているのでほとんどの生徒が目にしている。
　「リンゴを嫌いという理由」については，ほとんどの生徒が歌詞の人物に肯定的に寄り添っての発言が多い。
　「これも歌詞に出てきますが，ブランコとシーソー，どちらが好き？」80％は「ブランコ」と答える。理由は「一人で自由にできる」点をあげる生徒が多い。やはりシーソーで相手と合わせながら遊ぶ事が好きな生徒は少ない。「この2つの質問に対する歌の解答は授業の最後に聴いてもらいますね」

❷4人はどうして自分の殻を破ることができたのだろう？（「心が叫びたがってるんだ。」映画予告編PV視聴後）

・同じような悩みを抱えた仲間が集まったから
・歌を通して自分が表現できるようになったから

　情報が予告編だけなので，多様な意見はそれほど出ない。しかし，「解決策はあったんだね」「人間は一人じゃ難しいけど何人か集まれば変わることができるんだね」と声かけし，興味のある人はDVDでの鑑賞を勧める。

❸いつもひとりでいる西野はなぜ仲間に入れたのだろう？（「今，話したい誰かがいる」MV視聴後）

・お互いに分かり合おうとしたから
・体を動かすと心も通じ合える

❹「今，話したい誰かがいる」の歌詞から授業を振り返ろう

・自分の殻に閉じこもらずに本音が言えるようにしたい
・友達を大切にしたり，周りの人のことを考えられるようになりたい
・目の前にあるヒントを自分から探せるようにしたい

❺教師の説話

　お母さんに「リンゴが嫌い」と言った言葉の裏には「お母さんにケガをさせたくない」という気持ちが隠されていました。何気なく発した成瀬順の言葉が家族を崩壊させました。言葉というのは本当に難しいですね。私たちは言葉の裏側にある相手の気持ちを想像したり，自分が発する言葉が相手にどう受け入れられるかを考えたりする必要があるかもしれませんね。

道徳教材「『今，話したい誰かがいる』MV より」

「心が叫びたがってるんだ。」予告編 PV

　幼い頃に何気なく発した言葉で家族をバラバラにさせてしまったことにより，喋るとお腹の痛くなる呪いをタマゴの妖精にかけられた主人公・成瀬順。心も閉ざし，唯一のコミュニケーション手段は，携帯メールのみとなってしまった。
　高校２年生になった順はある日，担任から「地域ふれあい交流会」の実行委員に任命される。一緒に任命されたのは，全く接点のない３人のクラスメイト。本音を言わない，やる気のない少年・坂上拓実。甲子園を期待されながらヒジの故障で挫折した元エース・田崎大樹。恋に悩むチアリーダー部の優等生・仁藤菜月。彼らもそれぞれ心に傷をもっていた。
　４人ともそれぞれ自分の殻に本音を閉じ込めていたのだが，ミュージカルの取り組みを通して，それぞれが自分の殻を破っていったのだった。

「今，話したい誰かがいる」MV

　ダンススクールで白石たちは楽しそうに練習している。それを外から眺めるしかなかった耳が不自由な西野。ブランコにいた西野に声をかけて初めて耳が聞こえないことを知った白石は，自分の気持ちを伝えたくて仲間と手話を勉強する。そしてバス停に一人で座っている西野をダンス練習に誘う。西野は手話でダンススクールの生徒たちとコミュニケーションを図りながら，ダンス大会出場を目指した。また，大会で着るＴシャツのデザインも西野が担当するが，その絵は「友達」をあらわす手話だった。しかし突然，西野は父親の仕事の関係で転校することになってしまう。大会当日，駅のホームには家族とたたずむ寂しそうな西野がいた。

道徳ワークシート「今,話したい誰かがいる」

「心が叫びたがってるんだ。」映画予告編 PV
4人はどうして殻を破ることができたのだろう？

「今,話したい誰かがいる」MV
いつも一人でいる西野はなぜ仲間に入れたのだろう？

「今,話したい誰かがいる」の歌詞から授業を振り返ろう。

道徳学習指導案「今，話したい誰かがいる」

1　主題　B－(9) 相互理解，寛容
2　教材　乃木坂46「今，話したい誰かがいる」4分18秒「心が叫びたがってるんだ。」(2015年映画)
3　本時のねらい
　　　映画「心が叫びたがってるんだ。」と乃木坂46の「今，話したい誰かがいる」のPV・MVを通して，言葉の伝え方・受け取り方について考える
4　本時の展開

過程	時配	主な発問　●学習活動　・予想される反応	○補助発問　・留意点
導入	8	●「24時間子供SOSダイヤル」のポスターを見る。 歌詞に出てくる「リンゴ・ブランコ・シーソー」の言葉の意図が分かりますか？（補助発問参照）。 ・お母さんがケガをするのが恐くて。 ・ブランコ派80％，シーソー派20％。 ●本時の授業の学習課題を知る。 「心が叫びたがってるんだ。」「今，話したい誰かがいる」から言葉での伝え方や受け取り方を考えよう。	○リンゴが好きなのに「リンゴは嫌い」と言った子どもの本当の気持ちは？ ○ブランコとシーソーのどちらが好きですか？ ・授業の最後に歌を聴いて確認することを伝える。
展開前段	4 5 5	●「心が叫びたがってるんだ。」の登場人物とストーリーを教材で確認する。 ●映画「心が叫びたがってるんだ。」の予告編を視聴する。（1分55秒のものを2パターン） この4人はどのように「殻」を破ったのだろう？ ・共通の目的を持てたから。・仲間を思う気持ち。 ・強い自分が呼び出された。・気づき。	・教材であらすじを確認してからPVを見させる。 ・2パターン視聴により考える時間を確保する。 ○あなたには本音が言えず「殻」に閉じ込めていることはありますか？ ・上記の発問の深い自己開示は避けさせる。
展開後段	3 5 8	●「今，話したい誰かがいる」MVのストーリーを教材で確認する。 ●「今，話したい誰かがいる」MVを視聴する。 いつも一人の西野がなぜ仲間に入れたのだろう？ ・お互いに分かり合おうとしたから。 ・体を動かすと心も通じ合える。 ・自分から働きかけること，答えようとすることが大事。	・教材であらすじを確認してからMVを見させる。 ○西野はなぜいつも一人でいたのだろう？ ・仲間との関係という観点から考えさせたい。 ○駅で列車を待つ西野はどんなことを考えていたのだろう？
終末	5 5 2	●「今，話したい誰かがいる」の歌詞カードを見ながら聴く（CD）。 歌詞を通して授業を振り返ろう。 ・あきらめるなら一人でいいけど，夢を見るなら君と一緒がいい。 ・目の前にはいつもヒントがあり紛れもない過去の答えがある。 ●「友達」と「またね」の手話で表現する。	・歌詞カードを配付する。 ・CD「今，話したい誰かがいる」をBGMにしながら，自分にできることを考えさせる。 ・最初に質問した歌詞の一節に対する答えを確認させる。 ・近くの仲間同士，手話で会話をさせる。

C-(11) 公正，公平，社会正義

よしだよしこ「She Said NO！」(6'56")
―人権を守るための行動について考える―

私がこの世に生まれ　まだほんの赤ん坊の頃
遠くアメリカアラバマ州モントゴメリーという町
その出来事はその出来事は予期せぬ
かたちで歴史を変えた

その出来事は　その出来事は
一人の控えめな女性の勇気ではじまった
1955年12月1日　冷たい雨降る夜
仕事帰りの人々を乗せる一台のバス
白い肌は前のドア　白い肌は前のドア
黒い肌は黒い肌は同じコインを払って後ろのドア

その夜も彼女は慎ましやかに座っていたのです
正しく表示された後ろの席に座っていたのです
彼女は疲れ果てていました　でも
貧しさや辛い仕事にではなく
間違いを受け入れることに
間違いを受け入れることに
そんな人々の心に疲れ果てていたのです

混みあうバス赤ら顔の運転手が怒鳴り始める
黒い肌の兄妹たちは席を譲らねばならない
あきらめの溜息　立ち上がる黒い影
彼女だけが彼女だけが
一人座りつづけていたのです
沈黙の中ポリスもやってきて
しかし彼女は恐れてはいなかった
その名はローザ・パークス！
彼女は逮捕されたけど，その数日後には
町中のバスから黒い肌の兄妹たちが消えた
381日間　ぬかるむ黒土の道
歩いて仕事に向う　Brothers & Sisters
彼女の蒔いた勇気の種は
雑草の根っことなり綿畑を越えた
若き Dr. キングも Dr. キングも
驚いたカラッポのバス！

あの冬の夜の出来事を知らなかった私も
あの時のあなたの歳をはるかに越えました
あなた亡きあともあなた亡きあとも
報復の鎖は絡み合い
あなた亡きあともあなた亡きあとも
差別は新たな差別を生み
私はといえば今日もギターを抱え

誰でも座れる自由のバスに
乗り込んだところです
Oh Sister ROSA, Dear ROSA 貴女に会いたい
Mrs.ROSA PARKS　Mrs.ROSA PARKS
貴女ともう少し話をしてもいいですか？

※
私の国は小さな島国で66年前（注・2013年当時）
「絶対に戦争しない」という
素晴らしい誓いをした国です
でもうつむく人が多い国です
知らん顔して歩く人たちが多い国なんです

そんな時シスターローザ　バスの後ろの席で
あなたの勇気に思いを馳せます
なんてちっぽけな　ちっぽけな私
でもあなたの勇気を唄うことは出来ます
We shall overcome We shall overcome
貴女が教えてくれた沈黙することの罪
We shall overcome We shall overcome
貴女が教えてくれた何もしないことの罪
You said NO！　You said NO！
貴女が教えてくれた微笑というチカラ
You said No! I say NO!
歴史をつくる微笑みというチカラ
We shall overcome　We shall overcome
We shall overcome　We shall overcome
JUST　NO　！

参考　※部分の2016年動画バージョン歌詞　10'32
でもほんの少し前までアジアの国々や　太平洋の島々で
国を挙げておこなってしまった　歴史の真実を
すっかり忘れて　忘れているような時　はっとしてそのたびに立ちすくんだりします
世界で一番　長生きの国ですが　醜いいじめで自殺する子供たちがいます
強いものと弱いもの，大きなものと小さいもの，豊かなもの貧しいもの
いつもくらべる，くらべてばかり　たったひとつの共通語で事足りる国にいながら
それからやけに　耳触りの良い風に　風になびいて迷子になりそうなときが　あります
そんなとき Sister ROSA　バスの後ろの席で
あなたの勇気に思いをはせます
なんてちっぽけな　ちっぽけな私　でもあなたの勇気を唄い続けようと　思うのです

We shall overcome　We shall overcome
貴女が教えてくれた何もしないことの罪
We shall overcome　　We shall overcome
貴女が教えてくれた沈黙することの罪
You said NO！　You said NO！
歴史を作る一粒の種　JUST NO
You said NO！　You said NO！
貴女が教えてくれた微笑というチカラ
We shall overcome　We shall overcome
We shall overcome　We shall overcome
JUST　NO　！

作詞・作曲　よしだよしこ

1 こんなときに！（ねらい・価値）

社会正義の指導について学習指導要領解説には次のように書かれている。

「周囲で不公正があっても，多数の意見に同調したり傍観したりするだけで，制止することができないこともある。そのため，いじめや不正な行動等が起きても，勇気を出して止めることに消極的になってしまうことがある。そうした自分の弱さに向き合い，同調圧力に流されないで必要に応じ自分の意志を強くもったり，学校や関係機関に助けを求めたりすることに躊躇しないなど，それを克服して，正義と公正を実現するために力を合わせて努力することが大切である」（下線は筆者）

また「社会科における公民的分野の学習や，特別活動における集団生活の向上についての学習とも関連させ取り組むことが求められる」（下線は筆者）とあるが，社会科においては公民的分野に限らず地理的分野においてアメリカ合衆国や南アフリカ共和国の人種差別政策，あるいは歴史的分野においてのアメリカ合衆国の南北戦争などと関連させ横断的な指導をしたい。

2 教材について

よしだよしこさんは1972年フォークグループ"ピピ＆コット"のメンバーとしてデビュー。1975年唄の市をはじめ，吉田拓郎，泉谷しげる，古井戸，海援隊等のアーティストと共に活動。"ピピ＆コット"解散後，ソロシンガーとなる。1976年単身渡米。アメリカ各地を放浪。帰国後，音楽活動を一斉中止。2003年からシンガーソングライターとしてライヴ活動を25年の空白を経て再び始める。二年に一度のアルバムDVD制作をしながらギターとダルシマーをかかえて全国津々浦々，年間100回以上のステージに立っている（参考：よしだよしこ official website）。

「She said NO！」のCDを購入する場合は上記ホームページから可能である。「笑って唄って」というアルバムの中に2015年バージョンが収録されている。インディーズ流通のため数量が限定されており手に入りにくいかもしれないが本書をきっかけに再プレスが決まっている。動画については2016年バージョンを Lotus songs 公式より YouTube 上で公開している。

「She said NO！」の歌詞は変化し続けている。初期の頃と2017年では歌詞が違っている。今回紹介する歌詞はCDバージョンをベースに2016年バージョンを付け加えてある。

彼女の歌からはローザパークス女史の行動とその思いは十分に伝わってくる。しかし，黒人差別の歴史的な背景やバスボイコット事件の事実を補足した方がより理解しやすいので，補助教材として自作の読み物教材を用意した。

3 手法・工夫・ポイント

法務省では，存在する国内の人権課題として16を例示している。①女性②子ども③高齢者④障がいのある人⑤同和問題⑥アイヌの人々⑦外国人……等々。

表面上は「平等」とされながらも偏見を持

った行動が取られることも多い。それらの行為に対して強い意志で「NO！」と言える勇気を子どもたちに育てたい。

長い歴史の中で「人種差別政策」にはっきり勇気をもって「NO！」と言ってきた人物を取り上げることによって，あるいはその意志を受け継ぎ，さらには後世に伝えたいというよしだよしこさんの気持ちを知ることによって，その勇気を子どもたちから引き出したい。

ちなみに平成30年度現在，小学校道徳教科書会社8社でローザパークス女史を取り上げているのは2社，キング牧師を含めると3社あることも知っておきたい。

4 授業の実際

❶あなたは差別的行為に対して「NO」と言うことができますか？

●できる（45％）
・嫌な気持ちになるから
・正しいことは主張しないといけない
・良いクラスにしたいから

●できない（55％）
・相手から何か言われると嫌だから
・言っても無駄だと思うから

❷この写真（ローザパークス女史）からどんなことに気がつきますか？

・黒人女性　・笑っている
・後に黒人男性がいる（キング牧師）
・駐車場　・車がある

「後の人物はキング牧師です」「アメリカで黒人差別と戦った指導者ですが，手前の女性はあまり知られていないかもしれません」

「手前の女性は何をした人なのでしょうか？」

「やはりキング牧師と一緒に戦った人なのかな」

「今日はこの女性の行動を通して人権を守るための行動について学習します」

❸ローザパークス女史のバスボイコット事件をどう思いますか？

・今までもっていた不満が爆発したと思う
・逮捕されても主張を曲げなかったローザパークスの行動はすごいと思う
・彼女の行動がその他の人たちに立ち上がる勇気を与えた
・1年以上も黒人がバスを使わないで歩いたというのはすごい。それだけみんなの不満がすごく，戦おうという意志が強かったのだと思う
・行動を起こすことは怖いけど決意することで恐怖が和らぐと言うことがわかった

❹あなたはこの状況で「NO」と言えたと思いますか？

●できる（6％）
・変な法律は変えるべき
・その状況に寄るけど若者が乗ってきたら席を譲らなくてもいいと思う

●できない（94％）
・逮捕されたり罰せられたりすることが嫌
・誰かが言ってくれるのを待つ
・自分の人生を捨ててしまうことになる

「当時のモンゴメリー市の法律では，バス

は白人が優先と決まっていたのにそれを破ったことについてはどう考えますか？」

「黒人より白人が優先という法律がおかしい」

「おかしいと思った法律はやぶってもいいですか？」

「昔は不平等な法律があった」

「その不平等な法律にみんな従っていたのはどうしてだと思いますか？」

「捕まって罰を受けるのが嫌だったから」「目をつけられるとまずいから」

「ローザパークスはなぜ『NO』と言えたのでしょう？」

「強い信念を持っていた」「自分を応援する人が出てくると信じていたから」「誰かがいつかは言わなければと思っていたから」

「誰も『NO』と言わなければいつまでも差別は続いたのでしょうか？」

「誰かが言うまで続くと思う」「黒人が人権を取り戻すまで時間がかかったと思う」

「では，よしだよしこさんというシンガーソングライターがローザパークスについて歌っている曲があるので聴いてみます。また，その後，歌詞に彼女が歌に込めた思いを読みたいと思います」

❺よしだよしこさんの歌を聴いてどんなことを感じましたか？

・迫力がある
・気持ちが伝わってくる
・本当にローザパークスを尊敬している
・自分もローザパークスのようになりたい
・歌でローザパークスの思いを届けたい

「よしだよしこさんがそのバスに乗り合わせていたら『NO』と言ったと思いますか？」

「言えたかどうかは別として言おうという勇気はあると思う」「自分の弱さを理解しているからこそローザパークスのようになりたいと思っていると思う」「だからこそ歌い続けたいと言っているのだと思う」

❻今日の授業を振り返りながら差別行為に対して「NO」と言える勇気について考えよう

人間は弱い。正しいと思ってもなかなか言い出せないことも多い。そんなとき本授業を思い出してローザパークスと同じバスの席に座っていることを思い出させたい。

❼教師の説話

よしだよしこさんはローザパークス女史を単に歴史上の人物として終わらせないで，自分自身の生き方のモデルにしているところがすごいなと思いました。

自分自身を彼女が乗っていたバスの座席に座らせ，その思いを歌い続けています。皆さんもバスに乗る機会があったら，ぜひローザパークスのことを思い出して欲しいと思います。

また，みんなが良くないと思っている「差別行為」があったら「NO」と言える勇気をもちたいし，また声を上げた人を一人にしないで応援できるような自分になれるといいなと思います。

道徳教材「ローザパークス女史とバスボイコット事件」

　1955年12月1日午後6時ごろ，42歳のローザ・パークスは仕事を終えて帰宅するため市営バスに乗車した。バス内は白人席と黒人席に分けられ，中間の席には白人がいない時は黒人も座ってよいことになっていた。黒人席が一杯だったので，ローザが中間席に座っていると，白人が増え始め，白人に立つ者も出てきた。このため運転手が中間席に座っている黒人に立つよう命じた。座っていた黒人4名中3名は席を空けたが，ローザは立たなかった。運転手はローザのところに来て「どうして立たないのか？　席を譲れ」と言ったが，ローザは「立ちません」と答えて拒否をした。

　運転手は警察に連絡し，ローザは市条例違反で逮捕された。ローザは「どうして私が連行されるのか」と質問したが，警官は「法律は法律だから」と答えた。その後拘置所に入れられたが，即日保釈され，市役所内の州簡易裁判所で罰金刑を宣告される。

　ローザ逮捕の知らせが伝わると，キング牧師らが抗議運動に立ち上がり，モンゴメリーのすべての黒人にバス・ボイコット運動を呼びかけた。当時貧しい黒人にとってバスは必須の交通機関で，利用者の75パーセント以上を占めていた黒人たちがバスを利用せず，黒人の車に同乗したり，どこへ行くにも歩く抗議行動が381日間続いたため，バス路線を運営するモンゴメリー市は経済的に大きな打撃を被った。

　ローザは市条例違反の判決に対し，バス車内の人種分離の条例が違憲であるとして控訴，1956年に連邦最高裁判所は違憲判決を出し，公共交通機関における人種差別を禁止することになる。

　キング牧師はこの運動の勝利をきっかけとして，非暴力直接行動と市民的不服従をかかげて全米各地での公民権運動を指導し，1964年の公民権法成立につながった。

　全米を変えたこのローザは，一流の大学を出た特別な人ではない。中学校を卒業してすぐに就職し，店員をしていた平凡な女性だった。しかし，その勇敢なる一人の「ノー」の一言が，人々の心を変え，世界を揺り動かした。

　その事件だけでなく，ローザは92歳で亡くなるまで青少年たちに人権活動を続けた。「私達は，人種差別はきっと無くなると信じていました。そして，必ず，そうなると望んだがために，現実に変化を起こす事ができたのです」また，長年の間に学んだことを次のように言う。

　「決意が固まると恐怖は和（やわ）らぐものです」
※参考文献『ローザパークス自伝』ローザパークス著・高橋朋子訳・潮出版社　ほか

道徳ワークシート「She Said NO！」

あなたは、差別的な行為（女性・子ども・高齢者・障がいのある人・外国人等）に対して、「NO！」と言えますか？

言える　　　　　　　　　どちらともいえない　　　　　　　　　言えない
|―――――――――――――――|―――――――――――――――|

理由

よしだよしこさんは、どんな思いでこの歌を歌い続けているのだろう？

　中学1年生の時にアメリカのフォークソングに出会ったことがきっかけで、音楽だけでなく、その背景にある歴史、文化、現実に起きている社会問題、たくさんのことを知りました。人前で歌うことをやめていた私が再び歌うようになった時、なんとかして作品にしたいテーマがありました。それがローザ・パークス女史のことです。単に人種差別と闘った体験だけでなく、将来のある青少年への啓発運動を地道にやり続けていること、そして92歳で亡くなるまでなお活動し続けていたということ、写真のなかの柔らかな笑顔が心を打ちました。

　差別の根源は一人一人の心の中にある、お互いの差違を認め尊重すること、やさしさとは勇気の異名である、彼女からもらったメッセージのいくつかです。そして、単に彼女を歌うだけでなく、自分の心を見つめる歌にしようと、作りながら自然に言葉が生まれていきました。

　これからも歌っていけるようにと、毎回祈りながら歌う歌です。（2017年　よしだ　よしこ）

今日の授業を振り返り、「差別行為」に対して「NO！」と言う勇気について考えたことをまとめよう。

道徳学習指導案「She Said NO！」

1　主題　C－(11)　公正，公平，社会正義
2　教材　よしだよしこ「She said NO！」10分14秒「ローザパークス女史とバスボイコット事件」（自作教材）
3　本時のねらい
　　「She said NO!」と「ローザパークス女史とバスボイコット事件」から人権を守るための行動について考える
4　本時の展開

過程	時配	主な発問　●学習活動　・予想される反応	○補助発問　・留意点
導入	8	差別的行為にあなたは「NO」と言えますか？ 　言える（45％）言えない（55％）。 ●ローザパークス女史の写真を見て考える。 この写真からどんなことに気がつきますか？ ・黒人女性。　・笑顔でいる。　・車がある。 ・後にいる黒人男性を見たことがある（キング牧師）。 ●本時の授業の学習課題を知る。 よしだよしこさんの歌から人権を守るための行動について考えよう。	・あまり深入りせず自分自身を見つめさせるだけにとどめる。 ・拡大した写真を提示する。 ○どんなことをした人だと思いますか？ ・キング牧師の名とローザパークスという名を伝える。
展開前段	16	●教材「ローザパークス女史とバスボイコット事件」を読んで考える。 ローザパークスの行動をどう思いますか？ また，あなたなら同じ行動ができたと思いますか？ できた（6％）。 ・中間は座ってもいいはず。　・白人が許すなら。 できない（94％）。 ・法律で決まっているから。 ・逮捕されたり罰せられると嫌だから。	・教材を配付する。 ○白人優先という法律に従わなくても良いのだろうか？ ○犯罪者扱いをされても平気なのだろうか？ ○「NO！」と言わずにいつまでも差別扱いを受けていても良いのだろうか？ ○ローザパークスはどうして「NO！」と言えたのだろう？
展開後段	16	●「She said NO！」を聴いて考える。 よしだよしこさんの歌を聴いてどんなことを感じましたか？ ・迫力がある。　・気持ちが伝わってくる。 ・本当にローザパークスを尊敬している。 ・自分もローザパークスのようになりたい。 ・歌でローザパークスの思いを届けたい。	・よしだよしこさんの写真を掲示する。 ○よしださんならその場で「NO！」と言えたのだろうか？ ○よしださんはなぜローザパークスを歌にしようと思ったのだろう？
終末	10	●今日の授業を振りかえる。 差別行為に対して「NO」と言える勇気について考える。 ・決意が固まれば勇気が湧いてくるもの。 ・優しさとは勇気の異名。 ●教師の説話を聞く。	○身のまわりに差別行為や差別発言がないだろうか？ ・自分自身の周りについて見直しをさせる。 ・自分の考えを書けない生徒には心にひっかかった歌詞や言葉，事実を書かせる。

C−(11) 公正，公平，社会正義

民衆の歌（レ・ミゼラブルより）(2'40")
―社会正義について考える―

1 こんなときに！（ねらい・価値）

「よりよい社会を実現するためには正義と公正さを重んじる精神が不可欠であり，物事の是非を見極めて，誰に対しても公平に接し続けようとすることが必要となる。また，法やきまりに反する行為と同様に，自他の不公正に気付き，それを許さないという断固とした姿勢と力を合わせて積極的に差別や偏見をなくす努力が重要である」（学習指導要領解説）。

この内容項目は現在の日本が民主主義に根ざした法治国家であることを基盤として，はじめて考えられるものである。今のこの現状は長い歴史の中で獲得されてきたものであり，過去には幾多の目を背けたくなるような事実もたくさんあった。

社会科では歴史の中でフランス革命を学習する。そのときに横断的に本時の授業を展開すると時代背景がよくわかり，自分で調べてみたいという「アクティブ・ラーニング」が可能になるであろう。

2 教材について

「銀の燭台」は文部科学省から配付されている『私たちの道徳 小学校五・六年』にも収録されている道徳教材で，内容項目は「相互理解・寛容」で扱っている。この「銀の燭台」を中学校用に今回作成し直した。

付け加えた内容はジャンバルジャンがナポレオンと同じ年に生まれたこと，当時の社会背景に厳しい身分制度があったこと，そしてジャンバルジャンが罪を犯したやむにやまれぬ事情などである。それらを加えることにより思考に深みが増すと考えている。

もう1つの読み物教材は「ジャンバルジャンと倒れた馬車」である。レ・ミゼラブルでは「銀の燭台」からほどなくして登場する場面であるが，今回はこの部分を抜き出して教材化している。

どちらの教材も参考資料は小学館から発行されている新井隆広氏の「LES MISERABLES」という漫画全8巻である。人間の内面の変化を鋭く描いた感動作品で，授業前は是非一読をお勧めしたい。

「民衆の歌」はミュージカルの中の挿入歌である。東宝ミュージカル「レ・ミゼラブル」のライヴ録音盤でCDが発売されている。また，動画がTohoChannelからYouTubeで「『Les Miserables』民衆の歌」で公開されている。それぞれの年度で行われた制作発表時の歌唱披露のもので，複数公開されているがその迫力は素晴らしいので，映像資料で提示した方が感動が伝わりやすい。

3 手法・工夫・ポイント

　教材「銀の燭台」については本時では扱う時間がない。したがって，短学活や家での課題として読ませて，考えさせたい。できれば授業の1週間前には読ませて，ワークシートを提出させて教師が目を通しておきたい。

　中学生も2年生あたりになると批判的に物事を見る力が育ってきている。小学校の時に扱った教材を再度扱うことは，本人にとっても新鮮な気持ちで自分の成長を確かめられるだろう。『私たちの道徳　小学校五・六年』では「銀の燭台」の最後には「この後のジャンの人生がどうなったのか，続きを読んでみましょう」と書かれているが，本時はその続きの授業として成立している。

　教材「ジャンバルジャンと倒れた馬車」では2つの価値判断を選択させる。①A　ジャンバルジャンは馬車の人を助けるべきか，B　助けないべきか，②A　警視は逮捕すべきか，B　すべきではないか。

　単純に社会正義の価値で捉えれば，ＡＡパターンが正論のような感じるが，ＡＢパターンが多い。また，ＢＡやＢＢも考えられる難しい課題である。物語では何度も同じような選択に迫られるジャヴェルは，葛藤に耐えきれずに死を選んでしまっている。このあたりは是非，原作に当たって欲しい。

　「民衆の歌」の歌詞であるが，本時では革命の歌として捉えるのではなく，ジャンバルジャンの心の中の悩み・葛藤・決意として考えさせたい。ミュージカル歌手たちの表現力から感じることは多いだろう。

4 授業の実際

❶「銀の燭台」を読んだ感想は？ジャンバルジャンはその後，どうなったと思いますか？

・授業で学んだ経験がある　　　0％
・その後のことを本で読んだことがある
　　　　　　　　　　　　　　　0％
・改心して真面目な道を歩む　90％
・また，同じ過ちを犯す　　　10％

　『私たちの道徳　五・六年』に掲載されている教材ではあるが，授業でやった記憶は誰もなく，また読書として「レ・ミゼラブル」や「あゝ無情」を読んだ生徒もいなかった。授業の経験があればその時の気持ちと中学生になってから読んだ時の気持ちの差について質問したい。

「どんな感想をもちましたか？」
「ミリエル司教が許せたことがすごい」
「その後ジャンバルジャンはどうなったと思いますか？」
「ミリエル司教との約束を守って正しく生きたと思う」

　圧倒的に更生したジャンバルジャンを想像する。しかし「人間は弱いからまた，同じ過ちを繰り返す」と発言する生徒も少数存在する。

「前科者，しかも低い身分のジャンバルジャンが生きていくには厳しい社会が当時のフランスでした。果たして改心してジャンバルジャンは生きていけたのでしょうか。次のエピソードを読んでみます」

❷ジャンバルジャンは，馬車の下敷きになった男を助けるべきだと思いますか？
- 助けるべき（95%）
  ・司教からの恩を返す時だから。その恩をつなぐべき。助けようとする人物がどんな相手でも同じ
  ・助ければ自分への見方を変えるかもしれない
  ・他の人に「なんで助けないのか？」と思われてしまうから
  ・命は何より優先だから
- 見過ごすべき（5%）
  ・身分がばれてしまってはだめだから
  ・今まで頑張ってきたことが無駄になる
  ・多くの人を助けられなくなるから

「この馬車に下敷きになった男は自分を陥れようとした男だけどそれでも助けるべきですか？」と尋ねると，圧倒的に助ける方に挙手が多い。

「それでは，もし皆さんが自分をいじめる相手が困っていたら助けますか？」と問うと全員が「できない」と答える。

「自分ではできないけれど，ジャンバルジャンは助けるべきだと考えるわけですね」

「それだけジャンバルジャンにミリエル司教がしてくれたことはすごいことだったんだと思う」

「みんなで持ち上げる」や「何かまわりの道具で助け出す」等，方法論に行ってしまう発言には「ジャンバルジャンしか方法がなかったら」と論点を修正する。

「ジャンバルジャンは，この男の人を助けることによって自分が逮捕されてもいいと思ったのでしょうか？」

「頭で考えるより，心で感じたとおりに体が動いたのだと思う」「逮捕されて自分が牢屋に入れられることや市民のみんなが困ることについては考えたり，迷ったりしなかったと思う」「何よりも目の前の正義を優先させた」

❸ジャヴェル警視はジャンバルジャンを逮捕すべきか，見逃すべきか？
- 逮捕すべき（10%）
  ・身分を隠すことが違法ならば捕まえるべき
  ・これだけよいことをしていれば罪も軽くなるからきちんと償わせる
  ・見逃せば公平さがなくなる
- 見逃すべき（90%）
  ・改心しているのだから捕まえる意味がないから
  ・こんな良い人を捕まえたらもったいない
  ・多くの人が困ってしまうから

❷ほどではないが，圧倒的に「見逃すべき」が多い。「本当にルールを破ってもいいのですか？」という言葉に悩む生徒は数人いる。しかし，多くの生徒は「罪を償ったのだからその後も差別を受けることは間違っている」と主張する。現代社会ではその通りである。しかし，当時の厳しい身分制度ではその考えは認められない。

「ジャヴェル警視はまじめで，法を守ることこそ正義だと強く思っています。でもここでは逮捕するという行動はしませんでした。その後も何度か逮捕するタイミングがあった

にもかかわらず，生涯にわたってジャヴェル警視は悩み続けたというところに，簡単に割り切れない問題がありそうですね」

❹「民衆の歌」からどんなことを感じますか？

「『民衆の歌』について説明します。『民衆の歌』は，革命に立ち上がる市民たちが歌う歌ですが，それとともにエピローグでジャンバルジャンが天国に召されていく時にも歌われます。ジャンバルジャンの生き方そのものを表した歌です」

- ジャンバルジャンが死んでも他の誰かがあとをついで明日を切り開いていくという力強さを感じた
- ジャンバルジャンの意志の固さ，決意がよく伝わってくるのがすごくいい
- ミュージカルって見たことがなかったけど見てみたいと思った
- 合唱でこの歌をみんなで歌ってみたい
- 勇気が湧いてくる

❺今日の授業で正義についてどんなことを考えましたか

- 自分はジャンバルジャンにはなれないけど味方になり応援できる人になりたい
- 過去にとらわれず未来につなげていくことが正義
- 目の前で人が困っていたら助けるジャンバルジャンも，自分にも他人にも厳しいジャヴェルも正義感が強い
- たとえ間違いを起こしてもそのあとの行動が大切
- 正義に過去は関係ない。今，ここにあるもの
- 自分のためではなく，目の前の人のためになること
- 自分のためでなく，たくさんの人のためになること
- 法律よりさらに上に存在しているものが正義

❻教師の説話

「自分にはできないけど，ジャンバルジャンの行動はすごい」という感想をもったようですが，ジャンバルジャンにとってもその行動は簡単にできることではないのだと思います。まさに「自分との戦い」であり，常に「戦う者」であり続けることが正義につながるのだと感じました。「戦うものの列に加わるか，加わらないか」を決めるのはあなた自身です。

ジャンバルジャンは，このあとも様々な場面で究極の選択を迫られます。でもそのたびに自分自身のことより周りの人たちの幸せを優先させた選択をしていきます。

「レ・ミゼラブル」は「あゝ無情」として日本でも広く読まれている本です。このように名作と呼ばれる本に接する機会をもって欲しいと願っています。

道徳教材①「銀の燭台」

　1769年ナポレオンが生まれた年，ジャンバルジャンもフランスに生まれました。貧しい農家で早くに両親を亡くしたジャンバルジャンは，姉とその子どもたち7人を一生懸命働いて食べさせていました。ところが「生まれ」が全てを決定する厳しい身分制度の下，身分の低いジャンバルジャンに仕事をくれる人はどんどんいなくなり，ついには食事を買うお金もなくなります。どうしようもなくなったジャンバルジャンは幼い子どもたちのために一切れのパンを盗み，警察に捕まってしまいました。

　ろう屋に入れられたジャンバルジャンは，子どもたちのことが心配で何度も脱獄を繰り返します。そして何度も捕まり，結局19年もの間，ろう屋にいました。

　ろう屋から仮釈放した時には，姉も7人の子どもも消息がわからなくなっていました。あてどもなく町をさまよい，働こうとしても前科者に仕事をくれる人もなく，泊めてくれる宿もなく，食事さえできない状態で，社会を恨み，憎んでいました。

　しかし，そんなとき救いの手をさしのべてくれたのが，ミリエル司教でした。教会に招き入れると食事を振る舞い，あたたかいベッドを用意してくれました。

　ミリエル司教は貧しい人や病人に自分の物をすべてあげてしまうような人なので，自分の持ち物で高価な物といえば，思い出の品物の「銀の食器」だけでした。

　ジャンバルジャンがベッドに入って寝ようとしたときです。ふと夕食のテーブルに並んでいた銀の食器のことを思い出しました。社会に恨みが重なっていたジャンバルジャンは，

　「あれを売ったら高く売れるだろうな」

　そう思った瞬間に起き上がり，銀の食器を盗んで夜の間に逃げ去ってしまったのでした。

　次の日，とらえられたジャンバルジャンは，兵隊に連れられて司教の所にやってきます。

　「司教，あなたのところから銀の食器を盗んだ男を連れてきました」

　ところが司教は，銀の食器は盗まれたのではなく，ジャンバルジャンにあげた物だと言います。そして，

　「なぜ，あなたは食器と一緒に銀の燭台も持っていかなかったのか」

と言って，燭台を手渡します。

　驚いて立ちすくむジャンバルジャンに向かって，司教は

　「これは，あなたが正しく生まれ変わるために使いなさい」とそっとささやきました。

ミリエル司教の行動をどう思いますか？　ジャンバルジャンはどうなったと思いますか？

道徳教材② 「ジャンバルジャンと倒れた馬車」

　ミリエル司教との出会いから6年後，ジャンバルジャンはある町で過去を隠し「マドレーヌ」と名乗り，黒いガラス玉および模造宝石の産業を興して成功をおさめていました。彼のおかげで町は潤い，かつてない発展を遂げ，町中の人々をも裕福にしていきました。

　裕福になったジャンバルジャンでしたが，決して私腹を肥やすことはありませんでした。家にある高価な物と言えば，かつてミリエル司教からもらった銀の燭台だけでした。収入があれば病院や学校・幼稚園を建設し，老衰やけがで働けなくなった労働者のために救済基金を出し，さらに貧者のための無料の薬屋を建てました。町中の人から信頼され，「飢えた者にパンを，働ける者に職を与えるあなたが，一番市長にふさわしい」という市民の声に押されて市長となりました。

　そんなとき町に新しい警視が赴任してきました。名前はジャヴェル。生真面目で自分にも他人にも厳しい警察官でした。彼はかつてジャンバルジャンが収容されていた監獄で監視をしていたことがあり，市長である「マドレーヌ」は本当は過去を隠した「ジャンバルジャン」ではないかと疑いの目を向けるようになります。

　あるとき，大きな馬車が転倒し，男が下敷きになる事故が発生します。その男とは市民で唯一ジャンバルジャンの成功に嫉妬して妬み，いつも市長をおとしいれようとしていた男でした。しかし，ジャンバルジャンはこの馬車を持ち上げて彼を助けようとします。それを見ていたジャヴェル警視が言います。

　「この重い馬車を持ち上げられる人間をひとりだけ俺は知っている。それは人間起重機の名前を持つ怪力『ジャンバルジャン』だけだ」ジャンバルジャンはこの言葉にためらうことなく，馬車を持ち上げ，男を助けます。そして半身不随になって働けなくなった下敷きになった男に，多額の見舞金を渡しました。

　ジャヴェル警視は，このあとも長い間，悩み続けます。

　「ジャンバルジャンを見逃す罪を犯すか，ジャンバルジャンを捕まえる罪を犯すか」

■ミュージカル「レ・ミゼラブル」と「民衆の歌」

　ミュージカル「レ・ミゼラブル」では1832年に民衆が革命のために立ち上がる6月暴動を描いた大事な場面があります。その時に歌われるのが「民衆の歌」です。ドラクロワが描いた「民衆を導く自由の女神」という絵画は1830年の7月革命のものですが，革命の情熱が良く伝わってくる絵画です。

　「民衆の歌」はミュージカルの最後，ジャンバルジャンが天国へ旅立つときにも歌われます。歌詞は前述の「民衆の歌」とは違いますが，このミュージカルでは重要な曲として位置づけられています。

　「民衆の歌」はジャンバルジャンの生き方そのものなのだと感じます。この歌詞がジャンバルジャンの心の中を表していると捉えて考えてみましょう。「戦う者」とは？「列に入れよ」とは？「砦の向こう」とは？　いったい何を表していると感じられるでしょうか？

　※参考資料　新井隆広「LES MISERABLES」（小学館）

道徳ワークシート「民衆の歌（レ・ミゼラブル）」

ジャンバルジャンは馬車の下敷きになった男を助けるべきか？
（自分の考えに近い位置に○をつけよう）

助けるべき　　　　　　　どちらともいえない　　　　　　　見過ごすべき
├──────────────┼──────────────┤

理由

ジャヴェル警視はジャンバルジャンを捕まえるべきか見逃すべきか？
（自分の考えに近い位置に○をつけよう）

捕まえるべき　　　　　　どちらともいえない　　　　　　　見逃すべき
├──────────────┼──────────────┤

理由

「民衆の歌」から考えることは？

今日の授業を終えて……特に「正義」について

道徳学習指導案「民衆の歌（レ・ミゼラブル）」

1　主題　C-⑾ 公正，公平，社会正義
2　教材　「民衆の歌（レ・ミゼラブルより）」2分40秒「ジャンバルジャンと倒れた馬車」（自作教材）
3　本時のねらい
　　「民衆の歌」「ジャンバルジャンと倒れた馬車」から社会正義について考える
4　本時の展開

過程	時配	主な発問　●学習活動　・予想される反応	○補助発問　・留意点
導入	10	●「銀の燭台」の感想を聞き合う。 ・ミリエル司教の生き方はすごい。 ジャンバルジャンはその後どうなっただろう？ ・立ち直った（90％）　・罪を繰り返した（10％） ●「民衆の歌」を視聴して本時の授業の学習課題を知る。 「民衆の歌」と「ジャンバルジャンと倒れた馬車」から社会正義について考えよう。	○小学校の道徳で読んだことはありますか？ ・映像を視聴させ，またドラクロワの「民衆を導く自由の女神」を提示して，その時代背景の階級社会について理解させたい。
展開前段	14	●「ジャンバルジャンと倒れた馬車」を読んで考える。 ジャンバルジャンは助けるべきか？ ・助けるべき（95％） 　誰の命でも尊い。 ・見過ごすべき（5％） 　身分がばれてはまずい。自分がけがをするかも。	・絵（新井隆広さんの漫画）をスライドで提示しながら教師が範読する。 ○過去がばれて今の地位を追われても良いのか？ ○不幸な人が増えても良いのか？ ○男の命を見捨てても良いのか？
	14	ジャヴェルはジャンバルジャンを捕まえるべきか？ ・捕まえるべき（10％） 　犯罪者は法のもとで罰を受けなければならない。 ・見逃すべき（90％） 　不幸になる多くの人が出る。	○捕まえることによって多くの人が不幸になって良いのか？ ○法を破って，例外を認めても良いのか？ ・ものさしの両端を選択できなくても中間地点を認める。
展開後段	8	●教材を読んで「民衆の歌」がジャンバルジャンが死を迎えるときに歌われることを知る。 ●「民衆の歌」（2回目・別バージョン）を視聴する。 「民衆の歌」とジャンバルジャンの生き方はどう結びつきますか？ ・正しく生きる理想と現実社会で生きていくことの戦い。 ・こちら側は正義の者，向こうは厳しい現実社会。	○どんなところが判断に迷いますか？ ・ミュージカル制作発表時の演奏映像を視聴する。
終末	4	●今日の授業で感じたことをまとめる。 今日の授業で感じたこと，「正義」について考えたことを書こう。	・「正義」という言葉をキーワードにして今日の授業を振り返らせる。

C−(11) 公正，公平，社会正義

欅坂46「不協和音」(4'22")
―人権を守るための行動について考える―

僕は Yes と言わない　首を縦に振らない　まわりの誰もが頷いたとしても
僕は Yes と言わない　絶対　沈黙しない　最後の最後まで抵抗し続ける

叫びを押し殺す（Oh! Oh! Oh!）
見えない壁ができてた（Oh! Oh!）
ここで同調しなきゃ裏切り者か
仲間からも撃たれると思わなかった　Oh! Oh!

僕は嫌だ

不協和音を　僕は恐れたりしない　嫌われたって　僕には僕の正義があるんだ
殴ればいいさ　一度妥協したら死んだも同然　支配したいなら　僕を倒してから行けよ！

君は Yes と言うのか　軍門に下るのか　理不尽なこととわかっているだろう
君は Yes と言うのか　プライドさえも捨てるか　反論することに何を怯えるんだ？

大きなその力で（Oh! Oh! Oh!）
ねじ伏せられた怒りよ（Oh! Oh!）
見て見ぬ振りしなきゃ仲間外れか
真実の声も届くって信じていたよ　Oh! Oh!

僕は嫌だ

不協和音で　既成概念を壊せ！　みんな揃って　同じ意見だけではおかしいだろう
意思を貫け！　ここで主張を曲げたら生きてる価値ない
欺（あざむ）きたいなら　僕を抹殺してから行け！

ああ　調和だけじゃ危険だ　ああ　まさか　自由はいけないことか
人はそれぞれバラバラだ　何か乱すことで気づく　もっと新しい世界

僕は嫌だ

不協和音で　既成概念を壊せ　みんな揃って　同じ意見だけではおかしいだろう
意思を貫け！　ここで主張を曲げたら生きてる価値ない
欺（あざむ）きたいなら　僕を抹殺してから行け！

不協和音を　僕は恐れたりしない　嫌われたって　僕には僕の正義があるんだ
殴ればいいさ　一度妥協したら死んだも同然　支配したいなら　僕を倒してから行けよ！
Discord Discord
Yeah！Discord

作詞　秋元康　作曲　バグベア

1 こんなときに！（ねらい・価値）

社会正義の指導について学習指導要領解説には次のように書かれている。

「まず，自己中心的な考え方から脱却して，公のことと自分のこととの関わりや社会の中における自分の立場に目を向け，社会をよりよくしていこうとする気持ちを大切にする必要がある。また，『見て見ぬふりをする』や，『避けて通る』という消極的な立場ではなく，不正を憎み，<u>不正な言動を断固として否定するほどの，たくましい態度が育つように指導</u>することが大切である」（下線は筆者）

いじめ問題がクラスで発生していて，それに対して傍観者である生徒たちに立ち上がる勇気を感じさせたい時，あるいは12月の人権週間に合わせて実施してもよいだろう。

また，カナダでは２月に「ピンクシャツデー」と銘打った啓発活動を行っているので，それにあわせても良いし，LGBT（レズビアン，ゲイ，バイセクシャル，トランスジェンダー）などのセクシャルマイノリティの学習に関連づけてもよいだろう。

2 教材について

「欅坂46」は秋元康のプロデュースにより結成された女性アイドルグループである。しかし，同じ秋元康プロデュースのAKBグループや乃木坂46とは違う路線を歩んでおり，「不協和音」は「サイレントマジョリティ」とともに「周りに流されずに自分をしっかり主張することの大切さ」を主張している。

この授業においては，終末で生徒たちに勇気をもって行動する意欲を喚起するために使用している。MVについては欅坂46 OFFICIAL YouTube CHANNELで公開されている。

読み物の題材は「ピンクシャツデー運動」である。これは2007年にカナダで起きた実際の出来事である。ピンクのシャツを学校に着てきた中学３年生の男の子に対して起きたいじめに対して２人の高校３年生が立ち上がり，いじめと戦った実話である。この運動は大きなうねりとなって世界中に波及し，日本でも広がりを見せている。詳しくは教材を読んでほしい。

3 手法・工夫・ポイント

いじめ問題，差別問題について学級での生々しい事実を扱うとなかなか本音が出にくい場合がある。また，実際に行動を起こそうという勇気ももたせにくいものである。今回の教材は外国での実話をもとにしているので，比較的本音は出しやすいだろう。

ピンクシャツデー運動に関する教材は２種類用意した。ひとつは劇台本で，実際には事前に生徒会メンバーによってスライド劇を作成してそれを利用した。もうひとつはピンクシャツデー運動の公式ホームページからの紹介文である。両方使用しても良いし，ひとつだけの教材を使ってじっくり話し合っても良い。

また，「ピンクシャツ」運動に限らず「イエローリボン」運動やその他，各学校で実施している何らかの意思表示行動につなげられ

ると良いだろう。

「男子がピンクのシャツを着るのはおかしい」というのが既成概念である。「男子の名前を青で，女子の名前は赤で書くこと」も今まで教育の現場でよく行われてきたが，これも既成概念である。いじめは既成概念から外れたところで発生しやすい。だからこそ歌詞の中にある「不協和音で既成概念を壊す」ことは重要である。また，「いじめに対して傍観者でいれば自分は安心」というのも既成概念であり，その両方を壊さなければ解決の糸口が見えない。

そのためには，かなりの勇気が必要になる。それが終末の「不協和音」の「意思を貫け！ここで主張を曲げたら生きてる価値ない」という歌詞につながっていく。

なお，「不協和音」の提示については音源＋歌詞でもよいが，できればMVを提示したい。MVで胸を張って前進するダンスには強烈なメッセージ性を感じる。特にセンターを務める平手友梨奈はこの時中学3年生。まさに同級生的存在である彼女が伝えようとしているものに共感する中学生は多いだろう。

4 授業の実際

❶ピンクシャツを着た男子がからかわれ暴行されて帰宅してしまった。あなたならこの後どうしますか？

・電話やメールをしてなぐさめる
・関わらない
・注意する

「いじめられた子に何と言いますか？」
「気にするな」「目立たない方がいいよ」
「いじめた子に何と言いますか？」
「かわいそうだからやめなよ」
「もしあなたがいじめられてもいいですか？」
「相手が怖い人間なら言えないかも」

❷実際に起きた出来事からあなたはどんなことを感じましたか？

・いじめを何とかしたいと友達に相談することが偉いと思う
・メールを受け取った人が自分の意志で次の人に送って広まったんだと思う
・ほとんどの人が賛同したのがすごい
・目に見える形で抗議するのがすごい
・集団に囲まれるといじめた側は「まずい」という気持ちになる

「なぜ，高校生はいじめに立ち上がることができたのだろう？」
「一人じゃ厳しいけど仲間がいたから」「自分も助けられたという経験があったから」「卒業前に良い学校にしたいと考えたから」
「メールの返信はほとんどなかったのに送信した数以上の賛同者がいたのはなぜだろう？」
「行動に移そうと決意するのにやっぱり時間がかかったのだと思う」「他の友達に相談したのかもしれない」「協力者をお願いしていたのかもしれない」「サプライズ？」
「ブライアンはみんながピンク色のものを身につけているのを見てどう思ったのだろう？」「うれしかった」「仲間がいる」
「いじめっ子たちはピンクを身につけた人たちを見て何を感じたのだろう？」
「何でこんなにピンクがいるんだ！」「集団

の力のすごさを感じたと思う。これじゃからかえない！」「軽い気持ちでやったことが重大なことをしてしまったと気がつくんじゃないかと思う」

❸ピンクシャツデー運動を参考に自分たちにもできるいじめをなくすための行動を考えてみよう

・何か共通のいじめ反対マークをつける
・黄色いハンカチやタオルを持つ
・クラスで宣言文を作って毎日みんなで暗唱する
・傍観者にならない
・定期的にいじめがないかを確認する時間が必要
・どんなことでも続けることが大事
・ピンクシャツデーを作ってみたい

「ブライアンへのいじめが運動に発展したのはなぜだろう？」
「同じ行動をすることによって仲間に連帯感が生まれた」「いじめに勝つことができた自信」

❹今日の授業を振り返りながら「不協和音」を聴いて自分で考えたことをまとめよう

「欅坂46にはAKBグループとはちょっと違う傾向の曲が多いですが、どんな印象がありますか？」
「ダンスが激しい」「一生懸命何かを伝えようとしている」
「どんな曲を知っていますか？」「『サイレントマジョリティ』とは『物言わぬ多数派』、『静かな多数派』という意味です。『みんなとおなじでいいの？』『はじめからあきらめたら生まれてきた意味がない！』という非常に強烈なメッセージソングになっています。
『不協和音』という曲も同様で『意志を貫くことの大切さ』『主張を曲げたら生きている価値はない』と強烈に訴えます。彼女たちが伝えたい気持ちもダンスに表れているのでそこも感じながら視聴してください」

・困難にも負けず前へ進む姿がすごい
・目に「負けない」という力がある
・「仲間から撃たれる」のが恐いという気持ちはわかる。でも「僕を倒してから行け」という決意がすごい
・トラビスとデイビットも同じ気持ちだったんだろうなと思った
・物語と曲がぴったりだと思った
・頑張ってみようという勇気が湧く

❺教師の説話

　既成概念を外れる少数派がともすると仲間はずれやいじめの対象になることがあります。だからこそ既成概念を破ることがいじめをなくすヒントになるのかもしれません。

　また、いじめを見かけても傍観者でいることが安心というのも既成概念なのかもしれません。人権を守るという正義のために勇気をもって声を上げることのすごさを私自身もこの教材から学ぶことができました。さらには集団の力、行動することから得られるパワーも感じることができました。

道徳教材①「道徳劇台本　キミは一人じゃない」

ナレーション	今から少し前，2007年のお話です。【場面1】
ナレーション	カナダのある高校に通うブライアンはピンクのTシャツを着て登校しました。【場面2】 それを見たある生徒が
いじめ①	「何だお前　そのシャツ，男なのにピンクなんて着やがって，目立ちたいのか」
ブライアン	「僕はそんなつもりじゃ」
いじめ②	「いいや そんな色を着る野郎は絶対そうだ」
ナレーション	イジメっ子たちはそろってはやし立てた。 登校してきた生徒たちは見て見ぬフリをして過ぎ去っていく。 誰もイジメを止める者はいなかった。【場面3】
ナレーション	当時高校3年生だったトラビスは，この時は何もできないままブライアンを横目に通り過ぎてしまった。【場面4】
ナレーション	休憩時間になってもブライアンへのイジメは続いた。 逃げるブライアンに付きまとうイジメっ子たち。 イジメは言葉だけではなく暴力にまで発展した。
ナレーション	その光景を目撃したトラビスは，数年前の記憶が甦っていた。 実はトラビス自身も過去にイジメを受けた辛い経験があった。 イジメを止めたら，イジメの対象が自分に移ってしまうかもしれない。 トラビスはイジメを止める勇気が出なかった。【場面5】
ナレーション	しかし，当時イジメを受けていたトラビスの前に立ちふさがってくれたクラスメイトの女の子のおかげで，トラビスへのイジメはなくなった。 彼女の勇気ある行動のおかげでトラビスの人生は変わった。
ナレーション	あの時の彼女のように見て見ぬフリをしちゃダメだ，と考えた。【場面6】
ナレーション	放課後，一人寂しく帰っていくブライアンを友人のデイビッドと共にじっと見つめるトラビス。
トラビス	「なぁデイビッド。何とかして彼を救う方法はないかな？」【場面7】
ナレーション	トラビスとデイビッドは小遣いを出し合って2人は合わせて75ものピンクのタンクトップやシャツを買った。【場面8】
ナレーション	その日の夜，パソコンと携帯を使って学校の仲間たちにメールを送った。
トラビス	"今日学校でピンクのシャツを着たブライアンがイジメられた。 　彼を応援するためにも明日ピンクのシャツを着ていかないか？ 　それでブライアンが独りじゃないと教えてあげよう"
ナレーション	しかし仲の良い友達数人からの返信があったが，誰一人としてピンクを着るという返事は無かった。
ナレーション	翌日，不安な気持ちを抱えて登校するトラビスとデイビッド。 手には買った75枚のピンクのタンクトップ。【場面9】
ナレーション	すると…ピンクのTシャツやカバン，帽子などピンク色を身に着けて登校した生徒が100人以上もいた。
ナレーション	学校中がピンク色に染まっていた。【場面10】
ナレーション	実はみんなイジメに反対だった。しかし1人では怖くて言い出せずにいた。 トラビス達の呼び掛けが生徒達に「いじめはダメだ」「それは間違っている」と声を上げるきっかけを与えたのだ。
ナレーション	この光景を見ていたイジメっ子たちは呆気にとられていた。【場面11】
ナレーション	それ以来，ブライアンへのイジメは二度となくなった。【場面12】
ナレーション	この行動がキッカケで2014年までの7年間，この高校にはイジメの報告は1件も上がっていない。

道徳教材② 「ピンクシャツデー運動」

●ピンクシャツが運動のシンボルとなったのは、カナダの学生が起こした行動に由来します。

　舞台は2007年、カナダ・ノバスコシア州のハイスクールです。9年生（中学3年生）の男子生徒がピンク色のポロシャツを着て登校したことをきっかけに、ホモセクシャルだとからかわれ暴行を受け、たえきれずに帰宅してしまいました。その出来事を聞いた上級生のデイヴィッド氏とトラヴィス氏。12年生（高校3年生）の彼らにとっては、その学校で過ごす最後の年でした。

●「いじめなんて、もう、うんざりだ！」「アクションを起こそう！」

　そう思ったふたりは、その日の放課後、ディスカウントストアへ行き75枚のピンク色のシャツやタンクトップを買いこみました。そしてその夜、学校のBBS掲示板やメール等を通じてクラスメートたちに呼びかけました。

●「明日、一緒に学校でピンクシャツを着よう」と。

　翌朝、ふたりはピンク色のシャツやタンクトップを入れたビニール袋を手に登校しました。学校について校門で配りはじめようとしたふたりの目に映った光景……。

　それはピンクシャツを着た生徒たちが次々と登校してくる姿でした。ピンクシャツが用意できなかった生徒たちは、リストバンドやリボンなど、ピンク色の小物を身につけて登校してきました。頭から爪先まで、全身にピンク色をまとった生徒もいました。

●ふたりの意思は一夜のうちに広まっていたのです。

　ふたりが呼びかけた人数より遥か多く、数百人もの生徒たちがピンクシャツやピンク色のものを身につけ登校してきたことで、その日、学校中がピンク色に染まりました。いじめられた生徒は、ピンク色を身につけた生徒たちであふれる学校の様子を見て、肩の荷がおりたような安堵の表情を浮かべていたそうです。以来、その学校でいじめを聞くことはなくなりました。

●いじめに対して、学生たちは言葉や暴力ではなく行動で意思表示をしようと立ち上がったのでした。

　カナダの学生たちが起こした行動が地元メディアで取り上げられると、瞬く間にカナダ全土へと広がり、アメリカのトークショーやスペイン最大の新聞でも紹介されるなどして、世界へと広がっていきました。メディアで彼らのことが紹介された翌日には、アメリカ、イギリス、ノルウェー、スイスから彼らの元へ多数の賞賛や感謝を伝えるメールが届いたといい、大きな反響が伺えます。この行動がきっかけとなり、現在、カナダでは毎年2月最終水曜をピンクシャツデーとし、この日、学校・企業・個人を含めた賛同者がピンクシャツを着て「いじめ反対」のメッセージを送っています。

引用元：「日本ピンクシャツデー」公式サイト

道徳ワークシート「不協和音」

男子の友達がピンクのシャツを着て登校したところホモセクシャルだとからかわれ暴行を受け，たえきれずに帰宅してしまいました。あなたならどうしますか？（注：服装が自由の中学校です）

---

①

②

今日の授業を振り返り，欅坂46「不協和音」を聞いて考えたことをまとめよう。

道徳学習指導案「不協和音」

1 主題　C-(11) 公正，公平，社会正義
2 教材　欅坂46「不協和音」4分22秒「道徳劇台本　キミは一人じゃない」「ピンクシャツデー運動」
3 本時のねらい
　　「ピンクシャツデー運動」と「不協和音」から人権を守るための行動について考える
4 本時の展開

過程	時配	主な発問　●学習活動　・予想される反応	○補助発問　・留意点
導入	8	●ピンクシャツを着た男子がからかわれ，暴行されて帰宅してしまった時，自分ならどうするか考える。 　あなたならこの後どういう行動をしますか？ ・電話やメールをしてなぐさめる。 ・関わらない。　・注意する。 ●本時の授業の学習課題を知る。 　人権を守るためには何が必要なのかについて考えよう	・ワークシートのみを配付して考える。 ○いじめられた子に何と言いますか？ ○いじめた子に何と言いますか？ ○もしあなたがいじめられてもいいですか？
展開前段	16	●教材①道徳劇台本を読んで考える。 　実際に起きた出来事からあなたはどんなことを感じましたか？ ・自分たちが卒業してもいじめのない学校にしたい。 ・メールを受け取った人が自分の意志で次の人に送った。 ・ほとんどの人が賛同したのがすごい。 ・目に見える形で抗議するのがすごい。 ・いじめた側は「まずい」という気持ちになる。	・教材①を配付する。 ○なぜ，高校生は立ち上がることができたのだろう？ ○メールに返信はほとんどなかったのに送信した数以上の賛同者がいたのはなぜだろう？ ○ブライアンはみんながピンク色のものを身につけているのを見てどう思ったのだろう？
展開後段	16	●教材②ピンクシャツデー運動を読んで考える。 　ピンクシャツデー運動を参考に自分たちにも出来るいじめをなくすための行動を考えてみよう ・何か共通のいじめ反対マークをつける。 ・黄色いハンカチやタオルを持つ。 ・クラスで宣言文を作って毎日みんなで暗唱する。 ・傍観者にならない。 ・定期的にいじめがないか確認する時間が必要。 ・どんなことでも続けることが大事。 ・ピンクシャツデーを作ってみたい。	○ある1回の出来事が運動に発展したのはなぜだろう？ ・4人組になってアイデアを出しあわせるが，ブレインストーミングの要領で質よりも数を優先させる。 ・学級活動ではないので，あくまで，アイデアの段階に留める。
終末	10	●欅坂46「不協和音」を聞いて今日の授業を振り返る。 　今日の授業を振り返りながら曲を聴いて感じたことをまとめよう ・既成事実が正しいとは限らない。　・行動には勇気が必要。 ・意志を貫け！　ここで主張を曲げたら生きてる価値ない。 ●教師の説話を聞く。	・「不協和音」の歌詞を配付してMVを視聴させる。 ・自分の考えを書けない生徒には心にひっかかった言葉や事実を書かせる。

C-⒂ よりよい学校生活，集団生活の充実

ゆず「友～旅立ちの時～」(4'41")
―学級や学校の一員としての自覚を深める―

友　今君が見上げる空は　どんな色に見えていますか？
友　僕たちに出来ることは　限りあるかも知れないけれど

確かな答えなんて何一つ無い旅さ　心揺れて迷う時も
ためらう気持ちそれでも　支えてくれる声が
気付けば　いつもそばに

友　進むべき道の先に　どんなことが待っていても
友　この歌を思い出して　僕らを繋ぐこの歌を

明日の行方なんて誰にも分からないさ　風に揺れる花のように
確かめ合えたあの日の　約束胸に信じて
未来へ　歩いてゆくよ

Wow　遠く　遠く
Wow　終わらない夢
Wow　強く　強く
Wow　新たな日々へと旅立つ時

友　さようならそしてありがとう　再び会えるその時まで
友　僕たちが見上げる空は　どこまでも続き　輝いている
同じ空の下　どこかで僕たちは　いつも繋がっている

作詞・作曲　北川悠仁

1 こんなときに！（ねらい・価値）

学習指導要領解説には「例えば，特別活動における学校行事の儀式的行事で学校への所属感を深めた後や，文化・体育的行事の学校や学級での自らの役割や責任を果たした後などに」（下線は筆者）道徳を行う重要性が書かれている。もちろん体験で得た道徳的価値を深化・統合することは大事であるが，その体験前に，道徳的価値をより深く得られるように価値追求を行う授業を道徳で行っておくと体験から得られることも大きくなる。

体育祭・文化祭・合唱祭などの学校行事で得られる道徳的価値は大きいが，「仲間や教師，保護者に対する感謝」という価値が一番大きく関わってくる学校行事は「卒業式」であろう。自分自身の卒業式でそれが理解できるだけではもったいない，大きな意味をもつ行事である。したがって，中学1，2年生時において，先輩が迎える卒業式の前にこのような授業を組んでみたい。

2 教材について

卒業式に歌う歌と言えば，「蛍の光」に代わり1991年に埼玉県秩父市立影森中学校の教員によって作られた「旅立ちの日に」が定番になりつつある。また，川嶋あい作詞作曲の「旅立ちの日に…」を歌う学校もありこの授業については『J-POPで創る中学道徳授業2』で紹介した。

今回紹介するのは，ゆずの「友～旅立ちの時」である。合唱コンクールで歌われたり，本校の卒業式でも卒業生が感動的に歌い上げている。

「ゆず」は北川悠仁（ボーカル・ギター）と岩沢厚治（ボーカル・ギター）という中学校時代の同級生が組んだデュオである。

この曲は，2011年の全国ツアー直前に起きた東日本大震災を受け，北川悠仁が「ツアーを共にまわるスタッフ，そして被災地で頑張っている皆さんに贈る気持ち」を込めて制作したものである。

その後，2013年「NHK全国学校音楽コンクール・中学校の部」の課題曲という話を受け，未来を担う中学生たちの応援歌になるように新しくアレンジが加えられ完成した。また，NHK「みんなのうた」でも放映された。シングルCD（期間限定盤）には2人の演奏の他，合唱バージョンが収められており，MVのDVDもついている。

また，読み物教材は，「先輩の卒業式体験談」である。様々なところから感動の卒業式体験談を集めてある。すべて実話なので，その教材がもつ力は大きい。

3 手法・工夫・ポイント

「友～旅立ちの時～」の1回目の提示の仕方は，できればCDではなくて映像もつけて提示したい。ベストな提示は「第80回NHK全国学校音楽コンクール」での演奏である。会場の中学生と一緒に歌う姿は感動的である。また，閉会式に会場全体で歌うバージョンでは，中学生たちのやり切った感動の涙は子どもたちの心を大きく揺さぶるだろう。それほど古い映像ではないので，周りに声をかけて

探してみると見つかるのではないかと思う。ぜひ、まずはその映像を見ていただきたいと願っている。

4 授業の実際

❶卒業式の自分を想像してみよう
・どんな進路に決まったか心配
・後輩に尊敬される先輩になりたい
・感動的な卒業式にしたい

小学校の卒業式や3年生を送る会の様子、卒業式練習の3年生の様子などを思い浮かべると想像しやすい。

❷Nコン全体合唱「友〜旅立ちの時〜」にどんなことを感じましたか？
・感動する
・思いがたくさん詰まった歌
・文化祭を思い出す
・友情を感じる

文化祭と卒業式では、涙の意味合いは違うであろうが、ともに「努力が集結した成果」という点では同じであろう。良いことばかりがあったわけではないだろう。きついことや辛いこともあっただろう。だからこそその感動の涙であることを共有したい。「どうして泣いている人が多いのだろう？」と発問する。

❸「卒業式の思い出／大人になって振り返る」（教材）の中ではどの人に一番共感しますか？
Aさん……39％
Bさん……7％
Cさん……6％
Dさん……18％
Eさん……31％

生徒たちはAさんとEさんを選択することが多い。Bさん、Cさん、Dさんを選んだ理由をゆっくりと聞く。

❹「友〜旅立ちの時〜」の歌詞に自分自身を重ねてみよう
「最初と最後の歌詞にどうして『空』を入れたのだろう？」

空にはいろいろな表情がある。雨の時もあれば、風が強いときもある。ただ必ず晴れの日も来る。また、仲間が離ればなれになっても、友と見上げる空はつながっている。

❺どんな卒業式にしたいですか？
・まずは、先輩をしっかり送りたい。
・感動できるよう今を全力で過ごしたい。

卒業式での先輩の送り方、自分自身の学校生活への思いの両面を考えさせたい。

❻教師の説話
卒業式で3年生が歌う歌はいつも感動します。「旅立ちの日に」や「大地讃頌」などとともに「友〜旅立ちの時〜」を歌う学校も増えています。義務教育を終了することは、まさに人生に旅立つことを意味します。

だからこそ、中学校の卒業式は小学校以上の意味をもつのではないでしょうか。このゴールに向かって自分自身はどう学校生活を送っていくべきか、この授業を1つのきっかけにして考えてほしいと願っています。

道徳教材「卒業式の思い出／大人になって振り返る」

Aさん……私が卒業式のとき，友人に言われて嬉しかった言葉は「またな！」です。「卒業はサヨナラではないから，またいつでも会おうな」と言ってもらえたような気がして，とても嬉しかったです。

Bさん……中学校2年生のときに親友と大げんか。結局仲直りすることなく，卒業式を迎えました。彼女は他県の遠いところへ引っ越すことが決まっており，もう会うこともないだろうと思っていました。でも彼女は最後の最後で私に手紙を渡してくれました。「早く仲直りしたかった」と書かれていた手紙。彼女のほうが大人でした。

Cさん……中学校2年生のとき，誰にも知られずに転校するしかない家庭状況だったので，たくさんの友達にお別れも言えませんでした。でも，高校に進学してから中学校時代の友達に会う機会があり，卒業式のアルバムを見せてもらいました。そうしたら，なんと中2で転校したはずの私が卒業生徒写真に載っていたのです！　先生や当時のクラスメイトの気づかいに涙が止まりませんでした。卒業式には参加できなかったけど，写真でちゃんとみんなと一緒に卒業できたかけがえのない卒業式でした。

Dさん……私はバレーボール部だったので卒業式が終わった後にバレーボール部の仲間で記念写真を取りました。皆別々の高校へ行くので（特に私の行く高校は同じ中学校の人がもう一人しか入学できませんでした），これが最後だと思うとやはり涙が流れました。バレーボール部で辛かったことは肉体的だけでなく精神的にもたくさんあったために私はこの部活のメンバー全員で成長できたと思っています。本当にたくさん泣いてしまいました。

Eさん……卒業式に泣くつもりはありませんでした。でも，卒業式の朝，教室に入ると黒板に大きな文字で「おめでとう！　これからも頑張ってね」と書いてありました。もう，それを見た瞬間，3年間が思い出されて，とても涙が出てきました。まだ本番じゃないのに，と思いながら後からきた同級生も皆それをみて号泣。それを書いたのは，私たちが2年のときに，事情があって辞めていった先生からのメッセージだったからです。しかし，卒業式のとき，来てくれたのです。すごく嬉しかったですし，まだ覚えています。

道徳ワークシート「友〜旅立ちの時〜」

2013年NHK全国学校音楽コンクール閉会式の「友〜旅立ちの時〜」を視聴して

「卒業式の思い出／大人になって振り返る」に自分自身を重ねてみよう……

「友〜旅立ちの時〜」の歌詞に自分自身を重ねてみよう……

今日の授業を振り返って（これからの自分の学校生活に生かせること）

道徳学習指導案「友～旅立ちの時～」

1 主題　C－(15)　よりよい学校生活，集団生活の充実
2 教材　「友～旅立ちの時～」4分41秒「卒業式の思い出 / 大人になって振り返る」（自作教材）
3 本時のねらい
　　「友～旅立ちの時～」と「卒業式の思い出 / 大人になって振り返る」で学級や学校の一員としての自覚を深め，仲間とよき思い出ができるように生活しようという意欲を育てる
4 本時の展開

過程	時配	主な発問　●学習活動　・予想される反応	○補助発問　・留意点
導入	4	●卒業式当日の自分の姿を思い浮かべる。 　卒業式の当日の自分の姿を想像してみよう。 ●本時の授業の学習課題を知る。 　「友～旅立ちの時～」と「卒業式の思い出 / 大人になって振り返る」を通して自分の卒業式を想像しよう。	○自分の決まった進路についてどんな気持ちでいますか？（未来）。3年間を振り返ってどんな気持ちでいますか？（過去）。
展開前段	6 10 10	●「2013年NHK全国学校音楽コンクール」の閉会式の全体合唱「友～旅立ちの時～」を視聴して考える。 　どんなことを感じましたか？なぜ涙がでるのだろう？ ・一生懸命頑張ったから。　・みんなと分かち合えたから。 ・終わったという安心感や寂しさから。 ●「卒業式の思い出 / 大人になって振り返る」を読んで，感じたことを話し合う。 　どの人に一番共感しますか？また，どうして？ ・A　「またな！」という言葉はつながりを感じる。 ・B　自分から謝る大切さを感じる。それが大人の対応。 ・C　転校していった友達を忘れていないのはすごい。 ・D　辛い事を乗り越えたからこそ涙が出る。 ・E　思わず泣いてしまうほどの先生との絆を感じる。	・ワークシートを配付する。 ○自分の合唱コンクールの時はどうでしたか？ ○同じような経験をした人はいますか？ ○卒業式に歌いたい歌はありますか？ ・卒業生たちの大人になってからの思い出であることを補足する。 ・どの思い出が一番共感できるか，挙手でお互いの選んだものを確認した後，それぞれについて感想を発表しあいシェアをする。
展開後段	6 10	●ゆず合唱バージョン「友～旅立ちの時～」を聴く。 　「友～旅立ちの時～」の歌詞に自分を重ねてみよう。 ・先輩たちの卒業式を感動できるようにしたい。 ・感動の涙が流せるような思い出を作りたい。 ・あと1年（2年）で卒業だから仲間を大切にしたい。 ・「空」はつながっている。いろんな表情を見せる。	・CDで提示する。 ・歌詞を見ながら自分自身と対話させる。 ○歌詞の「空」にはどんな思いが込められていると思いますか？ ・先輩に対する想いと自分自身の想いは板書で分けて整理する。
終末	4	●ワークシートで今日の学習を振り返る。 　どんな卒業式にしたい？　そのために今できることは？	・ワークシート記入後に教師の説話を話す。

実践　J－POPで道徳授業

C-⒂ よりよい学校生活，集団生活の充実

🎼 Perfume「FLASH」(4'35")
―個人競技の団体戦におけるオーダーの決め方について考える―

花の色が　変われるほどの　永い時の密度に近くて
フレームは一瞬　スローモーションで　一直線　光裂くように

空気を揺らせ　鼓動を鳴らせ　静かな夜に今　火をつけるの
恋ともぜんぜん　違うエモーション　ホントに　それだけなの

火花のように　FLASH　光る　最高のLightning Game　鳴らした音も置き去りにして
FLASH　超える　最高のLightning Speed　速い時の中で　ちはやぶる
FLASH　光る　最高のLightning Game　かざした手を弓矢に変えて
FLASH　超える　最高のLightning Speed　願う　真空の間で　届きそうだ　FLASH

舞う落ち葉が　地に着くまでの　刹那的な速度に近くて
フレームは一瞬　ハイスピードで　一直線　光裂くように

空気を揺らせ　鼓動を鳴らせ　静かな夜に今　火をつけるの
恋ともぜんぜん　違うエモーション　今夜は　これからなの

火花のように　FLASH　光る　最高のLightning Game　鳴らした音も置き去りにして
FLASH　超える　最高のLightning Speed　速い時の中で　ちはやぶる
FLASH　光る　最高のLightning Game　かざした手を弓矢に変えて
FLASH　超える　最高のLightning Speed　願う　真空の間で　届きそうだ　FLASH

（ちはやぶる）

火花のように　FLASH　光る　最高のLightning Game　鳴らした音も置き去りにして
FLASH　超える　最高のLightning Speed　速い時の中で　ちはやぶる
FLASH　光る　最高のLightning Game　かざした手を弓矢に変えて
FLASH　超える　最高のLightning Speed　願う　真空の間で　届きそうだ　FLASH
（FLASH）

作詞・作曲　中田ヤスタカ（CAPSULE）

1 こんなときに！（ねらい・価値）

　卓球・テニス・バドミントン・剣道・柔道などのスポーツは基本1対1の個人戦ではあるが，団体戦も行われる。その団体戦には個人戦にはない醍醐味がある。

　ただ，その団体戦において，チームの勝利のためにあえてエース同士の直接対決を避けてオーダーを組むこともある。「相手チームのエースが自分のチームのエースよりはるかに強いとき，自分のチームの一番弱い選手が相手エースに当たる」ことがチームとしての勝利に大きくつながることは事実である。

　しかし，そこにはチームの選手の様々な気持ちが交錯する。「相手エースに当てられた選手の気持ち」に共感したり，「チームとして何を大切にしなければいけないのか」や「チームとは何なのか」じっくり考えてみたりすることには大きな意味があるだろう。

　実施の時期としては，部活動の総合体育大会の前，国語で百人一首を学習するとき，お正月明けなどが考えられる。

　また，3年生の受験もある意味，個人戦ではあるが学級としての団体戦とも考えられる。そのような意味でも受験前に実施することも可能である。

2 教材について

　Perfume（パフューム）は，日本の女性3人組テクノポップ（シンセサイザー・シーケンサー・ヴォコーダーなどの電子楽器を使ったポピュラー音楽）ユニットである。

「FLASH」はネット上で音楽配信もおこなわれているが，CDでは「COSMIC EXPLORER」に収録され，初回限定版特典ディスクにはビデオクリップも収録されている。また，MVはYouTubeにて公開されている。

　この「FLASH」は2016年公開映画「ちはやふる」の主題歌として制作された。

「ちはやふる」とは末次由紀による日本の少女マンガで，競技カルタに青春をかける高校生たちの姿が描かれている。2009年第2回マンガ大賞受賞，2010年「このマンガがすごい！オンナ編」第1位を獲得するなど高い評価を受けている作品である。アニメ版もテレビ放映されており，映画版は広瀬すずが主演である。

　今回，教材として使用したのは映画「ちはやふる―上の句―」の一場面である。

3 手法・工夫・ポイント

　今回使用した場面は，瑞沢（みずさわ）高校のかるた競技部が東京都予選に出場し，準決勝・決勝へ進む場面での出来事である。5人で組む団体戦で瑞沢高校は経験者3人に初心者2人。ほとんど経験者3人の勝利で勝ち上がってきたわけであるが，準決勝の相手は強いエースがいる。そこに経験者3人が当たってしまうとチームが勝てない。したがって「瑞沢高校チームで一番弱い『駒野』を相手エースに当てよう」とある部員が提案する。このことに関して「どう考えるか？」が話し合いの中心となる。

「競技かるた」の存在やルールなどの理解に時間がかかってしまいがちであるが，最初

にダイジェスト版を見せると雰囲気がよくわかる。ダイジェスト版は「映画ちはやふる公式ホームページより"胸が熱くなる"『上の句』ダイジェスト（4分47秒）」を視聴させるとよい。競技カルタの迫力がその音によって伝わっていくだろう。

　また，読み物教材の部分は，そのまま教師が範読してもよいが，少なくとも教師はその映画の場面を視聴しておいた方が状況が伝わりやすい。さらに言えばレンタルDVD等で映画のその場面（79分55秒～92分30秒）を視聴することお薦めする。

　この教材の場面のその後（教材②）については，補助教材として帰りの会に配付した。本時の中では時間的に厳しいし，内容項目も「克己と強い意志」となるのであえて時間を空けたい。もちろん映像で提示した方が効果は大きいだろう（92分30秒～101分40秒）。

4　授業の実際

❶「ちはやふる」を見たことがありますか？

・マンガで
・テレビアニメで
・映画で

少女マンガなので女子の方が知っている生徒が多い。競技かるたについてもテレビで見たことのある生徒（中3）は60％。ルールについて簡単に説明をする。

①競技カルタは百人一首の歌の上の句を聞いて自陣（25枚），敵陣（25枚）においた下の句の札を取る競技。
②敵陣の札を取った場合は自陣の札を1枚送り，先に自陣の札がなくなった方が勝ち。
③団体戦は5人同時に行い，先に3人が勝ったチームが勝ちとなる。

❷「ちはやふる『上の句』ダイジェスト」を見てどうでしたか？

・すごい音
・真剣
・スポーツみたい
・あつい

「今回，授業で考えるのは瑞沢高校1年生の6月の出来事です。ダイジェストで『机君』と呼ばれていたのは駒野君と言い，今日の授業の中心人物になります」と説明し，そこだけは確認しておく。

❸瑞沢高校で一番弱い「駒野」を相手エースに当てることに賛成ですか反対ですか？

●賛成（39％）
・駒野はわがままだ
・チームが勝つことが優先されるべき
・自分なら納得できる

●反対（22％）
・恥をかかせるのはかわいそう
・好きで入ったわけじゃないのに屈辱
・西田の提案の仕方が納得いかない

●どちらとも言えない（39％）

最初にワークシートに書かせた後，黒板のスケールに賛成か反対かネームカードを貼りに行かせる。最初に極端に賛成か反対を選択している生徒に理由を聞く。

「なぜ賛成なの？」

「全国大会に行くためには少しでも勝つ確率を増やす必要があるんだから当然だと思う」「オーダーをそうやって組むことには賛成だけど，やっぱり言い方が問題だと思う」

「なぜ反対なの？」

「一番強い人にぼろぼろに負けたら恥をかかせることになってかわいそう」

「賛成か反対か決めかねている人はどうして？」

「駒野君の意見を聞いて決めた方が良かったんじゃないのかな」

「駒野君が立ち直れたのはどうしてだと思う？」

「みんなが数あわせで自分を見ていたわけじゃないことがわかったからだと思う」

「どうしてそこに気づけたと思う？」

「あのキーポイントの札を4人とも取ったこと」

「あれは偶然？」

「みんな意識していたと思う」「競技かるたって，比較的自由にしゃべったり，声を掛け合えていいなと思う」「だまってちゃ伝わらないよね」「想いをどう伝えるかだよね」

❹「FLASH」からどんなことを感じますか？

- かるたを取るスピード感
- 集中力
- 一瞬にかける想い
- 燃える
- 音より光は速い

歌詞は今日の授業の内容項目と重ならないが，大人になったときにこの曲を聴けば授業が思い出されるだろう。

❺集団生活（部・学級・チーム）が充実するために大切なことは何だろう？

- 同じ目標をもっているかが大切，案外目標が同じになっていないことが多いかも
- 言い方や伝え方，相手の気持ちを考えた言い方が大切
- 本当にその人のことを心配してあげられるかが大切
- どれだけ一緒に汗を流したか，苦労を共にできたかが大切
- 部活と学級では目標が違うと思う。勝つためにできる自分の役割を考えなきゃいけない

❻教師の説話

「ちはやふる」も「荒ぶる」も神につく枕詞ですが意味が違うといいます。「荒ぶる」は悪い神の力で，「ちはやぶる」は正しい神の力。どちらも勢いの強さを表していますがその性質は全く違います。

「荒ぶる」がバランスの悪い不安定で回転がぐらぐらなコマだとすれば，「ちはやふる」は高速回転するまっすぐなコマ。何が触れてもはじき返すことができます。軸がしっかりしているから，勢いがあるにもかかわらず止まっているように見えるほどの勢い。

この「軸」がしっかりしているかどうかがポイントだと思います。みなさんも単に勢いだけを追い求めるのではなく，自分たちの軸は何か，ということを常に考えていって欲しいと思います。

道徳教材①「ちはやふる上の句　瑞沢高校対北央学園」

　千早（女）は瑞沢（みずさわ）高校に入学と同時に「競技かるた部」創設する。経験者は千早を含めて真島（男）と西田（男）の３人。しかし，団体戦に出場するにはあと２人足りない。そこで声をかけたのが呉服屋の娘で古典オタクの大江（女）と唯一部活に入っていなかった勉強が大好きな駒野（男）だった。

　５人は滋賀県近江神宮で開かれる全国大会出場を目指し，必死に練習に取り組む。特に初心者である大江と駒野は決まり字を覚えたり，払い手の練習をしたり，その苦労は大変なものがあったと想像できる。しかも２人は自分から好きで入部したわけではなく，千早に強引に誘われての入部だったわけである。

　高校１年生の６月，全国大会予選となる東京都予選に臨んだ瑞沢高校かるた部。経験者３人は常に勝ち続け３－２，あるいは時に大江も勝利し４－１で準決勝まで進んだ。しかし，準決勝の相手はＡ級の強い選手がいる。もし，その選手がこちらの経験者３人にあたると勝てないかもしれない。そこで「一番弱い駒野を相手エースに当てる作戦」を西田が提案する。オーダーがずばり的中し，瑞沢高校は決勝に進むが，こてんぱんに敗れた駒野は「試合には僕でなくても誰でもいいんでしょ。僕は単なる数あわせなんでしょ。かるたなんかやらなきゃ良かった」と憤慨する。

　悪い雰囲気を引きずりながら，決勝は全国大会常連校・北央学園戦に挑む。駒野はチームのかけ声にも参加せず，無気力状態で試合が始まってもまったく札を取ろうとしない。それが気がかりで，何とかしたいと集中しきれない千早をはじめとする他の部員たち。しかし，ある出来事から状況は大きく変わる。

　劣勢の中千早を含め４人が揃ってとった札は「もろともにあはれと思え山桜　花より他に知る人もなし」この歌の意味は次のとおり。<u>「私がお前をしみじみ愛しく思うように，お前も私のことをしみじみ愛しく思ってくれ。私にはお前のほかに私を理解してくれる人もいないのだ」</u>

　この札を取りたいが為に他の札を犠牲にしていたのか，偶然４人が取ったのかはわからない。しかし，４人は払った札を拾いに行き，席に戻るときそっと駒野の肩に手を置いていく。「私には強い絆の歌に聞こえるなあ。あなたがいるから私は頑張れる」そう千早は言ってくれた。「自分は単なる数あわせじゃないんだ。今までの練習を思い出せばそんなことぐらいわかるじゃないか」自然と涙があふれる駒野を見て，他の４人も「もう大丈夫」と自分の対戦相手だけに集中して怒濤の反撃を開始していくのだった。

道徳教材② 「瑞沢高校 対 北央学園　決着がつく」

　反撃を開始した瑞沢高校。しかし，すぐに駒野が敗れ，大江も敗退。しかし，キャプテン真島の「3勝するぞ！」というかけ声に大きく返事をする部員たち。瑞沢最初の1勝は西田。天性の耳をもつ千早も逆転して2勝目。これで2対2の同点となる。

　最後に残った真島は相手と自分の札1枚ずつが残る「運命戦」となってしまう。「運命戦」になると相手の陣地の札を抜くのは不可能に近い。お互い，自陣においてある札を手で囲ってしまい相手が払えない状態にするからである。つまり自陣の札が読まれるかどうかで勝利が決まるというまさに「運命」のみに由来する戦いだからだ。

　しかし，真島は「運命戦」になると勝ったためしがない。自分は「かるたの神様から見放されているんだ」と常に思い続けてきた。そして大事な場面でまた「運命戦」。必死で祈り，必死で考える真島。空札（からふだ→場にない札）が2度読まれるうちに真島は確信する。「自陣のこの札は違う。絶対にこない。敵陣にある『ちはやふる』が来る。来ないなら敵陣を抜きに行く」真島はふだん払い手の素振りを嫌っているが，ここは絶対相手の札を抜きに行くんだと気迫を込めて素振りを繰り返す。

　「ち」で始まる読まれていない札はこの時「ちは」と「ちぎ」の2種類あった。読手が「ち」と発声した瞬間に真島は勝負をかけ敵陣の札を抜きに行く。払われまいとしてその札を押さえてしまった北央学園の選手。しかし，読まれた札は「ちぎりおきし」。北央学園のお手つきである。まさに真島は執念で運命戦を勝ち取り，瑞沢高校の全国大会出場を決めたのだった。

道徳ワークシート「FLASH」

自分のチームの一番弱い選手を相手エースに当てることについてあなたはどう考えますか？
（自分の考えに近い位置に○をつけよう）

```
賛成              どちらともいえない              反対
 |———————————————————|———————————————————|
```

理由

なるほどと思った友達の考え

集団生活を充実させるために大切なことは何だろう？

道徳学習指導案「FLASH」

1 主題　C-⒂　よりよい学校生活，集団生活の充実
2 教材　「FLASH」4分35秒「ちはやふる―上の句―」（映画）
3 本時のねらい
　　Perfume「FLASH」と映画「ちはやふる―上の句―」の一場面から個人競技の団体戦におけるオーダーの決め方を通して，集団生活の充実について考える
4 本時の展開

過程	時配	主な発問　●学習活動　・予想される反応	○補助発問　・留意点
導入	3	●映画「ちはやふる」と競技かるたについて知る。 　映画を見た人はいますか？マンガを読んだ人は？ ・映画を見た（5％）。マンガを読んだ（20％）。 ・競技カルタは百人一首の歌の上の句を聞いて自陣，敵陣においた50枚の下の句の札を取る競技。 ●本時の授業の学習課題を知る。 　団体戦のオーダーの決め方をとおして集団のあり方について考えよう。	○実際にやったことがある人はいますか？ ・団体戦は5人でチームを作り先に3勝した方が勝つというルールを押さえておく。その他の内容には深入りしすぎて時間が足りなくならないようにしたい。
展開前段	5 22	●「『上の句』ダイジェスト」を視聴する。 ・あつい，すごい音。・スポーツみたい。 ●西野の提案と駒野の行動について考える。 　瑞沢高校チームで一番弱い『駒野』を相手エースに当てることに賛成か反対か？ ・賛成（39％）チームが勝つことが優先されるべき。 　　　　　　駒野はわがままだ。 ・反対（22％）好きで入ったわけじゃないのに屈辱。 　　　　　　西田の提案の仕方が納得いかない。 ・どちらとも言えない（39％）。	・映像と音声から激しいスポーツの要素も感じさせたい。 ・読み物教材で実施しても良いし，映画のその場面（79'55～92'30）を視聴した方が臨場感や気持ちが伝わる。 ・黒板のスケールの位置にネームカードを貼ることにより意思表示をさせる。 ○どうして駒野君は立ち直れたんだろう？
展開後段	5 5 5	●「FLASH」を聴く。 ●「FLASH」から感じたことを聴き合う。 ・かるたの雰囲気にピッタリ。・一瞬一瞬が大切。 ●集団生活を充実させるために大切なことについて考える。 　集団生活の充実のためには何が大切なのだろう？ ・人間関係の深さと同じ目標をもっているかが大切。 ・言い方や伝え方，相手の気持ちを考えた言い方が大切。	・歌詞カードを配付する。 ・映画の主題歌であることを知らせておく。 ・4人組で聴き合いをした後，数名に発表させる。 ○部活動で同じような経験はありましたか？ ○学級の中で同じようなことがありましたか？
終末	5	●本時の自己評価をする。 　今日の授業を振り返って自己評価をしよう。 ●教師から「ちはやふる」の意味を聞く。 ・集団の勢いには軸をぶらさないことが大切。	・物事を多面的多角的に見られたか？自分のこととして考えられたか？について自己評価をさせる。 ・歌詞を見ながら話を聞かせる。
事後		●教材②でこの後の物語の結末を知る。	・帰りの会にて配付する。

C−(15) よりよい学校生活，集団生活の充実

一青窈「ハナミズキ」(5'36")
―合唱コンクールに向かう目的について考える―

空を押し上げて
手を伸ばす君　五月のこと
どうか来てほしい
水際まで来てほしい
つぼみをあげよう
庭のハナミズキ

　薄紅色の可愛い君のね
　果てない夢がちゃんと終わりますように
　君と好きな人が百年続きますように

夏は暑過ぎて
僕から気持ちは重すぎて
一緒に渡るには
きっと船が沈んじゃう
どうぞゆきなさい お先にゆきなさい

　僕の我慢がいつか実を結び
　果てない波がちゃんと止まりますように
　君と好きな人が百年続きますように

ひらり蝶々を
追いかけて白い帆を揚げて
母の日になれば
ミズキの葉，贈って下さい
待たなくてもいいよ
知らなくてもいいよ。

　薄紅色の可愛い君のね
　果てない夢がちゃんと終わりますように
　君と好きな人が百年続きますように

　僕の我慢がいつか実を結び
　果てない波がちゃんと止まりますように
　君と好きな人が百年続きますように

　君と好きな人が百年続きますように。

作詞　一青窈　作曲　マシコタツロウ

1 こんなときに！（ねらい・価値）

　学級集団について学習指導要領解説には次のように書かれている。「自らの所属する集団の目的や意義を理解するとともに，個人の力を合わせチームとして取り組んでこそ達成できることなど，集団の在り方について多面的・多角的に考えられるようにすることが大切である」。そのためには，「文化・体育的行事において学校や学級での自らの役割や責任を果たした後などに，よりよい校風作りや集団生活の充実について考えるなど，他教科等と関連した指導も積極的に行っていく必要がある」とある。

　もちろん体験後に取り上げる方法もあろうが，できるならば体験前に取り上げて，体験自体でその価値が実感できた方が良いと考えている。

　したがって，本時のように合唱コンクールに合わせて道徳の授業を実施すると効果的である。

2 教材について

　「ハナミズキ」は2004年にリリースされた，一青窈5作目のシングルである。この曲は発売された2004年～2017年現在まで実に14年間もカラオケで歌われる歌ベスト10に入り続けている。人々が歌いたくなるには理由があるはず。生徒たちにはそこを考えさせたい。

　曲についてはもちろんCDで提示することもできる。しかし，一青窈の表現力を考えると映像資料の方がより感動が高まるだろう。

　また，この授業では合唱コンクールと関連させているので，一青窈が合唱団と共演しているMVの提示も効果的である。

　YouTubeでは，現在HitotoYoVEVOから「歌で人と人をつなぐ一青窈，ドキュメンタリーな『ハナミズキ』ミュージックビデオが完成！　20年ぶりに母校で歌う！」として公開されているのでそれを利用しても良いだろう。いずれにしてもCDでの提示より一青窈の表現力豊かな歌唱を映像で見られた方が感動が大きい。

　読み物教材としては「『ハナミズキ』に込めた一青窈の想い」と，カラオケでいかにハナミズキが歌われているかという資料，そしてドラマ「表参道高校合唱部！」第7話の一場面を用意した。

　「表参道高校合唱部！」は2015年のTBSドラマで芳根京子主演のドラマである。考えさせたい場面は本書で文章化してあるが，より臨場感をもたせるなら，その場面をレンタルDVDで見せても良いだろう。

3 手法・工夫・ポイント

　本授業の1週間前に「私の合唱コンクールの目標」についてアンケートをして実態を把握する。

　アンケートを行うと，事前に生徒が考えていることがわかり，指導案の修正に役立つ。また，それを1つの教材にして新しい展開も可能である。場合によっては，意見を聞く指名計画も立てられる。さらには，生徒にも「来週はこういう内容の授業をやるんだな」という期待感ももたせることができる。

こういった理由から，事前アンケートは道徳の授業にはかなり利点があるのでぜひ様々な場面で実施してほしい。

導入で，合唱コンクールについての考え，展開前段で「ハナミズキ」という曲についての考え，展開後段で「ドラマの一場面」から合唱コンクールについての考え，とかなり忙しくなるがじっくりやるなら2時間にわけて実施することもできるだろう。

4 授業の実際

❶私のクラスの合唱コンクールの目標は何でしょう？

　1位　自分たちのクラスが協力や団結で成長できること
　2位　コンクールで金賞や最優秀賞を目指すこと
　3位　自分たちの演奏で聴いている人を感動させること
　4位　聴いてもらう人に想いが伝えられるようにすること
　5位　素敵なハーモニーで自分たちが感動できること

「1位は何だと思いますか？」一つ一つ確認していく。「ぴったりおなじだったという人はいますか？」ほとんど手を上げる生徒はいない。「それぞれの思いがあって良いと思いますが，お互いにその気持ちを共有させることと，一番に目指すところは気持ちを揃えたいですね」

❷ハナミズキという曲からどんなことを感じますか？

・大切な人を大事に思う気持ち
・アメリカのテロ事件がきっかけだとは知らなかった
・気持ちが伝わってくる表現力

「ハナミズキの花を見たことがある人はいますか？」10%くらいの生徒しか手を上げない。写真を見せると何人かが手を上げる。「一青窈さんはどうしてこの歌の題名を『ハナミズキ』としたんだと思いますか？」
「花言葉が『私の想いを受けてください』だったから」「アメリカから贈られた花なので，アメリカ同時テロで亡くなった人への追悼の意味があった」

教材で「ハナミズキ」の背景にあるものを知ってから一青窈の「ハナミズキ」を視聴する。

❸ハナミズキはどうして長い間歌われ続けているのだと思いますか？

・大事な人を思い浮かべやすい
・亡くなった人を大切にしている
・100年というのはほぼ人間の寿命以上なので生涯をかけてと感じる
・君だけでなく君の好きな人の幸せを祈っているところがいい

「どんどん新しい曲が毎年出るのに『ハナミズキ』が14年間も連続してベスト10に入るってすごいことですね」

「聴いている人に気持ちが届きやすいし，感動がいつまでも残る」

❹「表参道高校合唱部」はコンクールで勝てる曲を選ぶべきか，仲間を思う曲を選ぶべきか？
●勝てる曲を選ぶべき（30%）
・勝てなくては同好会になって部室も部費もなくなってしまう
・入賞が目標なら勝てる曲にしないと入賞は絶対無理だと思う
・快斗が目覚めた時，入賞できなかったことを知ったら悲しむ
●仲間を思う曲を選ぶべき（70%）
・快斗に想いを届けることが一番大事
・自分たちが一番歌いたい曲を選ぶことが大事
・想いを届けやすい曲の方がいい

「表参道高校合唱部の最大の目標はなんだと思いますか？」

「入賞，部の存続だと思う」「快斗の回復だと思う」「その両方を目指していいんじゃないかと思う」

「目標が2つあっていい？」大勢は両方目指すべきだと傾く。「でもポップスでの入賞はほとんど例がないかもしれないよ」

「やってみなきゃわからない」

「もしポップスを歌って入賞できなくてもみんな後悔しないだろうか？」

「自分たちがやりたいことをやった結果だから後悔はしないと思う」

❺部員たちが「ハナミズキ」を選択する場面，合唱の一部，そして結果発表の部分を視聴する
　部員たちは，難しくとも快斗に想いを届け，そしてさらに入賞を目指す方を選択する。

　しかし，結果は入賞を逃してしまう。そのことを快斗に報告にするために病室を訪れたとき，快斗は奇跡的に目覚める。「みんなの声が聞こえたよ」という快斗の言葉に全員でもう一度，同好会からスタートすることを決意する。

❻「表参道高校合唱部！」を見てどんなことを感じましたか？
・入賞できなくて残念
・想いを伝えようとすることは大切
・みんなの気持ちが一つになっていた
・快斗が目覚めて良かった

「入賞できなくて後悔はないのかな？」

「快斗が目覚める方がよほど大事」「目覚めれば全員でまたやり直しができる」

❼教師の説話
　歌には様々な思いが込められていることを今日は学習しました。そして，またクラス合唱でもいろいろな目標をもって取り組んでいる人がいることを知りました。

　自分たちの本音をぶつけ合い，クラスとして何を目的に協力し合うのか，もう一度再確認できるとやりがいのある合唱コンクールになるのではないかと思います。

　真琴たちの選択が正しかったかどうかはわかりません。ただ，真琴たちの心がひとつになって，それが快斗に伝わったことは事実なのかなと思います。

道徳教材「『ハナミズキ』に込めた一青窈の想い」

■「ハナミズキ」という曲ができた背景

　ハナミズキの花言葉は「私の想いを受けとってください」です。ハナミズキは，1912年当時の東京市長であった尾崎行雄氏が，ワシントンD.C.へ桜を贈った際，1915年にその返礼として贈られ，日米の友好の木となっています。

　一青窈さんは，2001年9.11アメリカ同時多発テロが起こった時，ニューヨークにいた友人からの「テロで住むべき場所が破壊された」というメールをきっかけに，何もできない自分に無力感を感じ，涙しながら20分ほどでこの歌詞を書き上げたそうです。テレビに映る悲劇は，彼女の想いをA4の用紙3枚くらいにあふれさせました。最初そこには，テロ，散弾銃，ミサイルという生々しい言葉もあったのですが，テロに対する自分の想いを全部吐き出してから，削って削って最終的に「君と好きな人が100年続きますように」というメッセージにたどり着いたのでした。彼女はどうすれば戦争がこの世から無くなるか考えました。そして，自分の幸せばかりを願うのではなく，他人の幸せを祈れることが優しい世界を作るのではないかと思い，自分もそうありたいと，祈りをこめて作ったのです。

　「自分の好きな人」の幸せを願うことは誰しもができます。一青窈さんは，そこを一歩踏み込んで「君」と「君の好きな人」が100年続きますようにと，メッセージしています。一人一人が自分の好きな人のずっと先の幸せを願うことで，怒りや憎しみの連鎖は止められると，彼女は考えたのではないでしょうか。

　また，小学生の時に亡くした父親，高校生の時に亡くした母親への想いも込められているのでしょう。

　　※2015年7月24日「中居正広の金曜日のスマイルたちへ」と「ウィキペディア」から作成

■「ハナミズキ」はなぜカラオケランキング10位以内に 14年も居続けるのだろう？

　このような曲は「ハナミズキ」以外には現在のところ，存在していません。

　※DAM年間カラオケリクエストランキングより

2004年	3位	2011年	9位
2005年	2位	2012年	5位
2006年	5位	2013年	3位
2007年	7位	2014年	4位
2008年	7位	2015年	6位
2009年	7位	2016年	7位
2010年	4位	2017年	7位

道徳ワークシート「ハナミズキ」「表参道高校合唱部！」

私が合唱コンクールの目標としているものは……

①コンクールで金賞や最優秀賞を目指すこと　　　　　　　　（　　）
②聴いてもらう人に想いが伝えられるようにすること　　　　（　　）
③自分たちのクラスが協力や団結で成長できること　　　　　（　　）
④素敵なハーモニーで自分たちが感動できること　　　　　　（　　）
⑤自分たちの演奏で聴いている人を感動させること　　　　　（　　）
⑥その他（　　　　　　　　　　　　　　　　　）（　　）

表参道高校合唱部の決断（第7話前半のあらすじ）

　表参道高校合唱部の快人（かいと）が突然倒れた。病院へ搬送された快人は，心臓の緊急手術を受けることになる。なんとか手術は成功したものの，快人の意識はいつ戻るのかわからない状態が続く。
　そんな折，合唱コンクールの開催日が近づいてきた。学校との約束で入賞しなければ合唱部は同好会に格下げとなり，部費も部室もなくなってしまう。入賞することは絶対的な目標だ。勝てる曲で勝負すべきだと言う意見に部員たちは賛同するが，真琴（まこと）だけは，快人が好きな「ハナミズキ」を歌い快斗に想いを届けたいという。果たして，合唱部が出した結論は!?　そして，合唱コンクールの結果は……!?

合唱部はコンクールの曲をどうすべきだと考えますか？（自分の考えに近い位置に○をつけよう）

勝てる曲にすべき　　　　　　　どちらともいえない　　　　　仲間に思いを届ける曲にすべき
|—————————————|—————————————|

理由

感想

道徳学習指導案「ハナミズキ」

1 主題　C −(15)　よりよい学校生活，集団生活の充実
2 教材　一青窈「ハナミズキ」5分36秒「表参道高校合唱部！」（第7話のあらすじ）
3 本時のねらい
　「ハナミズキ」と「表参道高校合唱部！」を通して，集団生活の向上という価値で合唱コンクールについて考える
4 本時の展開

過程	時配	主な発問　●学習活動　・予想される反応	○補助発問　・留意点
導入	5	●事前アンケートの結果を予想する。 私のクラスの合唱の目標は？ 1位　自分たちのクラスが協力や団結で成長できること。 2位　コンクールで金賞や最優秀賞を目指すこと。 3位　自分たちの演奏で聴いている人を感動させること。 4位　聴いてもらう人に想いが伝えられるようにすること。 5位　素敵なハーモニーで自分たちが感動できること。 ●本時の授業の学習課題を知る。 「ハナミズキ」を通して合唱コンクールにどのように参加するか考えよう。	・資料のプリントは時間の関係で事前に配布しておく。（本来は話の後の方が良い） ・アンケートは事前に朝の会で実施し，クラスごとと全校で集計しておく。 ・何が正しいか正解はないことを確認させる。
展開前段	18	●「ハナミズキ」の背景を読んで映像を視聴して考える。 ・ハナミズキはアメリカから贈られた木。 ・9.11テロの際に作られた歌。 ハナミズキは，なぜ長い間よく歌われるのだろう？ ハナミズキを聴いてどんなことを感じましたか？ ・周りにいる人を大事にしたい。 ・そんな事実があることを知らなかった。 ・想いを伝えようという気持ちが伝わってくる。	・ハナミズキと9.11の写真は拡大写真で提示する。 ・9.11は17年前の事件であることを伝える。 ○一青窈さんは何を伝えようとして歌っていると思いますか？ ○一青窈さんの歌はなぜ多くの人の心を打つのだと思いますか？
展開後段	17	●「表参道高校合唱部！」（第7話）を視聴して考える。 ①「表参道高校合唱部」はどちらの曲を選択すべきか？ 【勝てる曲】　30％　可能性が高い曲にすべき。 【ハナミズキ】70％　歌への想いが強い方がいい。 ①「表参道高校合唱部！」を見て何を感じただろう？ ・入賞できなくて残念。 ・想いを伝えようとすることは大切。 ・みんなの気持ちが一つになっていた。	○勝てなかったときに悔いは残りませんか？ ○この合唱部のコンクールの目標は何だと思いますか？ ○入賞できなくて悔いは残っていないのだろうか？ ○自分たちの合唱に何か生かせることはありますか？
終末	10	●ワークシートで今日の学習を振り返る。 授業を振り返って感じたこと考えたことを書こう。 ●各クラス1名ずつ発表する。	・発表する生徒は各学級担任が指名するので，巡回してワークシートを確認する。 ・文化祭実行委員や合唱責任者など役で選んでもよい。

道徳補助教材「事前アンケート結果合唱コンクールの目標」

■全校集計
③自分たちのクラスが協力や団結で成長できること（747）
①コンクールで金賞や最優秀賞を目指すこと（583）
⑤自分たちの演奏で聴いている人を感動させること（550）
②聴いてもらう人に想いが伝えられるようにすること（513）
④素敵なハーモニーで自分たちが感動できること（360）

■1年生の集計結果
③自分たちのクラスが協力や団結で成長できること（103）
①コンクールで金賞や最優秀賞を目指すこと（75）
②聴いてもらう人に想いが伝えられるようにすること（74）
⑤自分たちの演奏で聴いている人を感動させること（69）
④素敵なハーモニーで自分たちが感動できること（54）
⑥その他（最高の合唱，一生懸命歌う，楽しく歌う）（15）

■2年生の集計結果
③自分たちのクラスが協力や団結で成長できること（164）
①コンクールで金賞や最優秀賞を目指すこと（96）
⑤自分たちの演奏で聴いている人を感動させること（95）
②聴いてもらう人に想いが伝えられるようにすること（90）
④素敵なハーモニーで自分たちが感動できること（64）
⑥その他（一生懸命歌う，歌いきる，自分たちが満足できる）（12）

■3年生の集計結果
①コンクールで金賞や最優秀賞を目指すこと（107）
③自分たちのクラスが協力や団結で成長できること（99）
⑤自分たちの演奏で聴いている人を感動させること（97）
②聴いてもらう人に想いが伝えられるようにすること（83）
④素敵なハーモニーで自分たちが感動できること（68）
⑥その他（良かったと思える，思い出に残る）（10）

※①〜⑥の数字はアンケートの項目番号
※（ ）内の数字は1位選択×3点，2位選択×2点，3位選択×1点の合計得点

⑭ BUMP OF CHICKEN「ray」(4'41")
―宇宙の神秘性と人間が創り出す創造物に畏敬の念を抱く―

D−(21) 感動，畏敬の念

お別れしたのはもっと　前の事だったような
悲しい光は封じ込めて　踵すり減らしたんだ

君といた時は見えた　今は見えなくなった
透明な彗星をぼんやりと　でもそれだけ探している

しょっちゅう唄を歌ったよ　その時だけのメロディーを
寂しくなんかなかったよ　ちゃんと寂しくなれたから

いつまでどこまでなんて　正常か異常かなんて
考える暇も無い程　歩くのは大変だ
楽しい方がずっといいよ　ごまかして笑っていくよ
大丈夫だ　あの痛みは　忘れたって消えやしない

理想で作った道を　現実が塗り替えていくよ
思い出はその軌跡の上で　輝きになって残っている

お別れしたのは何で　何のためだったんだろうな
悲しい光が僕の影を　前に長く伸ばしている

時々熱が出るよ　時間がある時眠るよ
夢だと解るその中で　君と会ってからまた行こう

晴天とはほど遠い　終わらない暗闇にも
星を思い浮かべたなら　すぐ銀河の中だ
あまり泣かなくなっても　靴を新しくしても
大丈夫だ　あの痛みは　忘れたって消えやしない

伝えたかった事が　きっとあったんだろうな
恐らくありきたりなんだろうけど　こんなにも

お別れした事は　出会った事と繋がっている
あの透明な彗星は　透明だから無くならない

○×△どれかなんて　皆と比べてどうかなんて
確かめる間も無い程　生きるのは最高だ
あんまり泣かなくなっても　ごまかして笑っていくよ
大丈夫だ　あの痛みは　忘れたって消えやしない
大丈夫だ　この光の始まりには　君がいる

作詞・作曲　Motoo Fujiwara

1 こんなときに！（ねらい・価値）

　宇宙には未知な部分が多い。それだけに「夢」とともに「畏敬」という感情も生まれやすいものである。学習指導要領解説には，「畏敬」について「畏れかしこまって近づけないということである」と述べられており，宇宙を教材にすることは，「とかく独善的になりやすい人間の心を反省させ，生きとし生けるものに対する感謝と尊敬の心を生み出していくもの」として有効であると考えている。

　9月12日「宇宙の日」と10月4日から10月10日までの「世界宇宙週間」の両方を含む1ヶ月間を「『宇宙の日』ふれあい月間」として，JAXAではふれあいフェスティバルや宇宙開発関連施設の一般公開などが行われる。授業はこの時期に実施したり，また，理科で宇宙について学ぶ時期に授業を横断的に計画したりすることも考えられる。

　本授業の場合，JAXA（宇宙航空研究開発機構）の「はやぶさプロジェクト2」に関わっている研究員の方をお呼びしての教育講演会を企画していたので，その講演会の前月に実施している。そのことにより一層講演会に興味をもって臨めたし，生徒たちの収穫も大きかった。

　ちなみにJAXAへの講師依頼はホームページから可能である。費用も原則交通費・日当のみとなっているのでうまく学校行事と連携が図れるとコラボできてよいかもしれない。

2 教材について

　「ray」（レイ）は，BUMP OF CHICKENの2作目の配信限定シングルで，2014年に配信開始された。CDではアルバム『RAY』の中に収録されている。また，ミュージックビデオがYouTubeにて公開されている。

　オリジナルバージョンに加えて，初音ミク（ボーカロイド）とコラボレーションしたバージョンも制作されており，こちらは「BUMP OF CHICKEN feat. HATSUNE MIKU」名義で配信限定でリリースされた。授業では，CDでも可能だが，できればこの初音ミクバージョンの映像資料を用意したい。

　「ボーカロイド」とはヤマハが開発した音声合成技術，及びその応用製品の総称である。略称としてボカロという呼び方も用いられるが，メロディーと歌詞を入力することでサンプリングされた人の声を元にした歌声を合成することができる。「初音ミク」とはボカロの代表的存在である。

　BUMP OF CHICKENは宇宙をモチーフとした楽曲が多い。その中でもこの「ray」は「はやぶさ」にピッタリの楽曲である。ただし「ray」が「はやぶさ」を意識して創られたかは確認できていない。2010年にはやぶさが帰還して，この楽曲の発表が2014年ということを考えると少なからず無関係だとは思えないような気がする。

　また，たとえ無関係だったとしてもこの楽曲は「おかえり，はやぶさの帰還」という感動的なドラマにとって，ぴったりな主題歌だと考えている。ちなみに映画『はやぶさ／

HAYABUSA』（2011年公開）の主題歌はfumikaの「たいせつな光」という楽曲である。

また，「はやぶさ」と「初音ミク」はともに人間が創り出した創造物という共通点があり，これから社会のあらゆる場面に進出することができるロボット社会について考えるよい機会になるだろう。

読み物教材は「小惑星探査機はやぶさ」である。NHK道徳ドキュメントでも取り上げられたことがある教材ではあるが，そちらの主人公はプロジェクトのリーダー，川口淳一郎である。本教材は，あえて主人公を「はやぶさ」そのものにしている。JAXA（宇宙航空研究開発機構）等の資料をもとに作成してあるが，JAXAのホームページに「はやぶさ帰還編（14分50秒）」があるのでそれを見せられると臨場感は伝わりやすい。

3 手法・工夫・ポイント

歌詞中の「君」とは誰か？ いろいろな解釈が成り立つであろうが，本授業においては「自分自身」と「小惑星探査機はやぶさ」に置き換えて考えさせる。

長い間宇宙を旅して，多くの苦難を乗り越えて地球に戻ってきた「はやぶさ」の陰にはもちろん多くの人間であるスタッフの努力があった。しかし，今回は「はやぶさ」を擬人化させることによって，宇宙という未知の世界を旅した感動や人間を超えた世界への畏敬の念，また人間が創り出した創造物への畏敬の念を感じさせたい。

そうすることによって，「とかく独善的になりやすい人間の心を反省させ，生きとし生けるものに対する感謝と尊敬の心を生み出していく」（学習指導要領解説）ことになると考えている。

4 授業の実際

❶初音ミクを知っていますか？

・知っている（85％）
・知らない（15％）

アニメに興味をもっている生徒ほどよく知っている。「初音ミクってボーカロイドなんだけどそれは知っているかな？」さらに突っ込んで質問するが，そのあたりはよくわかっていない生徒も多い。

「初音ミクの歌は人間が歌っているんじゃなくてコンピュータが創り出したものなんです」

「えー，声優さんが歌ってるんじゃないんだ」

「そうなんです。ということは初音ミクの歌には感情や心はあるのかな？」初音ミクに思い入れがある生徒を除きほとんどの生徒が「ないと思う」と答える。

BUMP OF CHICKENというバンドについては過半数の子どもたちは知らない。「幼稚園からの幼なじみで，同じ中学校のバスケットボール部万年補欠組だったんだよ」と話すと親近感が湧く。そこで初音ミクとコラボしたMV「ray」を視聴させる。

❷はやぶさ帰還でどんなことを感じましたか？

・はやぶさはJAXAの人たちの「お帰り」

という声を聴きながら喜んで消えていったんだと思う
・はやぶさが最後に燃え尽きてしまう場面に感動した。JAXAの人たちが「お帰り」と言うのは自分の子どものように思っているからだと思う
・はやぶさのことをもっと知りたくなった。はやぶさは諦めずに任務を終えたから気持ちよく消滅できたのだと思う

❸「ray」の歌詞の「君」を「はやぶさ」に置き換えて考えてみよう

・「お別れ」や「痛み」などの歌詞が「はやぶさ」と重なって、切ないけど役目を果たしたはやぶさに「おめでとう」と自然に言いたくなった
・「悲しい光が僕の影を前に長く伸ばしている」はやぶさやそれだけじゃなくていろんな犠牲や貢献のおかげで、人類は少しずつ前に進めているんだと思う
・「透明だから無くならない」はやぶさは消えていったんじゃなくて透明になったからいつまでも人類にとって消えない存在になったんだと思う
・「伝えたかった事」自分の努力を無駄にしないで後はJAXAに頼む、という気持ち
・「正常か異常かなんて考える暇もない程歩くのは大変だ」はやぶさも人間も同じ。トラブルが続くものだけど、諦めちゃだめだと感じた

❹「ray」の歌詞の『君』を『自分自身』に置き換えて今日の授業を振り返ろう

・「はやぶさ」の話や「ray」という曲を聴いて、なぜだかわからないけど感動した。人との出会いはいつ別れが来るかわからないけど、「再会を諦めずに待ち続けよう」と言われているような気がした
・はやぶさに「心」がなくてもその「物」を作った人には、願いや希望などの「心」はある。だからきっと「心」がない「物」なんてないと思う。だから「ボカロ」にも「心」はあると思う
・はやぶさやJAXAが多くの困難を乗り越えたように自分もこれから先、いろいろと壁にぶつかると思うけどそれを乗り越えていきたい

　生徒たちの感想で、一番心に残った歌詞を聴いてみた。(中1～中3・200名)
　1位「大丈夫だ　この光の始まりには君がいる」
　2位「大丈夫だ　あの痛みは　忘れたって消えやしない」
　3位「○×△どれかなんて　みんなと比べてどうかなんて」

❺教師の説話

　日々の技術進化の速度にはものすごいものがあり、みなさんの一生の間には確実にロボットと接する機会が増えてくると考えています。今日の授業中にも考えた「機械には感情や心がないのか？」というテーマをいつも心に持ち続けていって欲しいと願っています。

道徳教材「小惑星探索機はやぶさ」

■2003年5月

　小惑星探索機「はやぶさ」が日本から出発します。彼の任務は3億km以上離れたイトカワという500mほどの小惑星から砂を採取して地球へ持ち帰るということでした。成功すれば人類初の出来事となります。

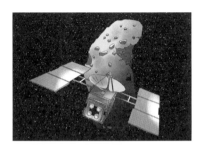

■2005年11月

　はやぶさは，日本で開発された超省エネ型のエンジンを積んでいます。時速10万km以上の速さで2年間の旅の末にようやくイトカワへ到達し，苦労しながらも着陸，目的であった砂の採取を完了しました。あとは地球へ帰還するのみです。

　しかし，ここから数々のトラブルが発生します。致命的なのは地球と通信が不能になってしまったことです。はやぶさは地球からの誘導がなければひとりでは地球に戻ることができません。5年前火星探査機「のぞみ」はトラブルが起き，火星周回軌道投入を断念しています。

■2007年4月

　「はやぶさが電波を受け取れないというのは，きっとはやぶさが回転しているにちがいない。だとすれば，地球からの電波を受けることのできる瞬間があるのではないか」そう考えたJAXAは，はやぶさがいそうな場所に時間と周波数を変えて信号を送り続けました。そしてようやく3カ月後にはやぶさはJAXAとの連絡に奇跡的に成功します。

■2009年11月

　バッテリーが放電状態で動かなくなります。はやぶさは，姿勢を立て直して太陽光で充電。エンジンが故障したときは動く部品を組み合わせてなんとか加速を開始。ありとあらゆる困難を乗り越えて，予定より3年遅れで地球に向かいます。

■2010年3月

　長い旅を終えて，エンジンの運転を終了します。地球から着陸地点（オーストラリア）へJAXAに精密誘導をしてもらいます。

■2010年6月

　はやぶさに最後の任務が与えられます。「地球の写真を撮る」1度目は失敗しますが2度目に成功。その後，はやぶさはイトカワの砂が入ったカプセルを切り離し地球へ発射します。最後の任務を終えたはやぶさは大気圏に突入し，摩擦熱でものすごい光を発しながら消滅していきます。7年の間，ずっと地球から見守り続けてくれたJAXA（宇宙航空研究開発機構）の人たちの「はやぶさお帰り！はやぶさ」という言葉を聞きながら。

※参考資料　JAXAホームページ　ほか

道徳ワークシート「ray」

「ray」の歌詞の「君」を「はやぶさ」に置き換えて考えてみよう。

あの痛み？ お別れしたのは何のため？ 伝えたかった事は？

↑光となって消えていくはやぶさ
地球へ送るイトカワの砂→

「ray」の歌詞の「君」を「自分自身」に置き換えて授業を振り返ろう。

一番心に残ったフレーズは？

道徳学習指導案「ray」

1　主題　　D−㉑　感動，畏敬の念
2　教材　　BUMP OF CHICKEN「ray」4分41秒「小惑星探索機はやぶさ」（映像・自作教材）
3　本時のねらい
　　「ray」と「小惑星探索機はやぶさ」で宇宙の神秘と人間が創り出した創造物に畏敬の念を感じながら，自分自身を見つめ直す
4　本時の展開

過程	時配	主な発問　●学習活動　・予想される反応	○補助発問　・留意点
導入	9	●この時間の教材について知る。 　BUMP OF CHICKEN，はやぶさを知っていますか？ ●「ray」を視聴する。 　BUMP OF CHICKEN feat. HATSUNE MIKU を視聴しよう。 ・ボーカロイドと惑星探索機の共通点は人間が創り出したもの。	・幼稚園からの同級生で結成。 ・最初は歌詞なしで初音ミクとのコラボMVを視聴し，機械と人間の共同作業という視点を与える。 ○ボーカロイドに感情や心はあるだろうか？
展開前段	20 8	●「小惑星探索機はやぶさ」の旅について，読み物資料を読んだ後にJAXAの映像を視聴する。 　「はやぶさ」についてどんなことを感じましたか？ ・7年間もかけて帰ってきたことがすごい。 ・たくさんのJAXAの人たちの努力がすごい。 ・「はやぶさ」と「JAXAの人たち」に友情のようなものを感じる。 ・はやぶさにも感情はあったはず。	・ワークシートを配付する。 ・教師が範読しながら，はやぶさがいかに困難を乗り越えて帰還したかを心情的に理解させる。 ○光を放って消えていくはやぶさを見てどんなことを感じますか？ ○「はやぶさ」が世界初のことを成し遂げられたのはなぜだろう？ ○JAXAの人たちが「お帰り」と叫んでいたときはどんな気持ちだったのだろう？
展開後段	5 3	●「ray」を視聴して，歌詞から考える。 　「君」を「はやぶさ」に置き換えて考えてみよう。 ・はやぶさは消えても成し遂げたことは永久に残る。 ・熱が出るのはさまざまなトラブル，人間も一緒だ。	○あの痛みとは何だろう？ ○お別れしたのは何のため？ ○伝えたかった事とは何？
終末	5	●今日の学習を振り返る。 　一番心に残った歌詞はなんだろう。「君」を「自分自身」に置き換えて今日の授業を振り返ろう。 　1位　大丈夫だ　この光の始まりには君がいる。 　2位　大丈夫だ　あの痛みは忘れたって消えやしない。 　3位　○×△どれかなんて　みんなと比べてどうかなんて。	・歌詞を見ながら自分自身と対話させる。 ○どうしてその歌詞が気に入ったのかな？ ・振り返りをした後に教師の説話をする。

よしだよしこさんミニライブ

　よしだよしこさんに私が出会ったのは、北海道の釧路駅前の古本屋の2階でした。小さなお店でのミニライブです。吉田拓郎と同世代で一緒に活動したこともあったというよしださん。

　まさに、フォークソングの走りの時期。最初は懐かしく聞いていたのですが、「She said No !」という曲を聴いたときに雷に打たれたような衝撃を受けました。

　ぜひ、これは生徒たちに聞かせたいと思いましたが、ここは北海道。私は千葉。全国を旅しながら歌っているとのこと。無理だろうなと思って、お住まいを聞いたら川崎市。アクアラインを使えば車で1時間ちょっと。これも何かの縁ということで来校を依頼したら、スケジュールの合間を縫って快く引き受けてくださいました。

よしだよしこさんの当時のスケジュール
◆12月9日（土）　岐阜　美濃加茂
◆12月10日（日）　岐阜　本巣市
◆12月12日（火）　千葉　本校
◆12月14日（木）　沖縄　那覇市
◆12月15日（金）　沖縄　首里

　今回は、50分間、まるまるミニコンサートです。「She said No !」を含めて合計7曲、いろいろな人生の体験談を交えながら歌っていただきました。

　以下、生徒たちがよしだよしこさんに書いたお礼の手紙の一部です。

　「一番印象に残ったのは、最後の『She said No !』です。この曲で出てきたローザパークスさんの行動はとても勇気の必要な行動だと思いました。でも差別を許して見過ごしてしまう気持ちをなくすことはとても大切なことだと思います。よしださんの力強い歌声を聴いて、周りで困っている人がいたら見て見ぬふりをせず、声をかけて助けようと思いました」

　「よしださんの歌声を聴いて、今まで心にしまい込んでいた気持ちが出てくるような気がして、すごく感動しました。また、社会に向けられたまなざしの歌詞に気づかされることがたくさんあって、貴重な時間を過ごすことができました」

　「ひとつひとつの歌にあたたかみがあり、心を込めて作ったんだなということがわかりました。自分が好きな道を自由に歩む人生はとても楽しそうに見え、私があこがれる人生でもあります。よしださんがかっこよく見えました」

　「歌というのは歌詞だけでなく、メロディーだけでもなく、メロディーに歌詞をのせることにより歌が完成し、人に伝わるのだなと思いました。このような機会があって良かったです。歌の力について感動した50分間でした」

　「よしこさんのギターを弾きながら歌う姿はとてもかっこよくて、きれいでした。あんな大人の女性になれたらいいなと思いました」

　※読者の皆さんの近くにも夢を持って地道に活動しているシンガーソングライターの方がいるかもしれません。生歌の力は大きいです。ぜひいろいろな場所に顔を出して地域から発掘してみてはどうでしょうか？

D-㉒ よりよく生きる喜び

安室奈美恵「Hero」(5'37") ―よりよく生きる生き方を考える―

I'll be your hero
I'll be your hero

いろんな色で染まる 世界で一人で

振り向かなくてもいい
今までの君のまま進めばいいから あきらめないで everyday

君だけのための hero どんな日もそばにいるよ
Oh Oh… I'll be your hero 君だけのための hero

強くなれる訳は 大切な人が

常に笑顔で支えてくれた
だから乗り越えられる 険しい道のりも

君と交わした 約束の場所 たどりついてみせる
いつか必ず forevermore

君だけのための hero どんな日もそばにいるよ
Oh Oh… I'll be your hero Oh Oh… And you are my hero

響く声に そっと耳傾ければ

離れていても みんなの想いが
今まで私の背中を押してくれたよね

君だけのための hero どんな日もそばにいるよ
Oh Oh… I'll be your hero Oh Oh… And you are my hero

どこまでも すべて君のために走る
永遠に 輝くあの星のように

君だけのための hero 限りなく遠い道も
君とならどこまでも 夢つかむまできっと

君だけのための hero いつまでもそばにいるよ
君だけのための hero 君だけのための hero
Oh Oh…I'll be your hero Oh Oh… And you are my hero
Oh Oh…I'll be your hero Oh Oh… I'll be your hero

作詞・作曲 Ryosuke Imai・SUNNY BOY

1 こんなときに！（ねらい・価値）

　自己肯定感の調査では，小中学校の間においては，中学校2年生が最低になることが多い。しかし，「人間がもつ強さや気高さについて十分に理解できるようにすることが大切である。先人の気高い生き方などから，内なる自分に恥じない，誇りある生き方，夢や希望など喜びのある生き方を見いだすことができるようになる。生徒が，自分の弱さを強さに，醜さを気高さに変えられるという確かな自信をもち自己肯定でき，よりよく生きる喜びを見いだせるような指導が求められる」（学習指導要領解説）。

　パラリンピックには，様々な障害を乗り越えて夢や希望など喜びのある生き方を見いだそうとする姿がある。各都道府県にはパラリンピック出場者，あるいは出場を目指している人もいるのではないかと思う。そのような方をゲストティーチャーに招いての授業も考えられる。

2 教材について

　「Hero」（ヒーロー）は，安室奈美恵の単独名義での45作目のシングル曲。CD＋DVD，CDのみの2形態で2016年7月に発売されたNHKのリオデジャネイロオリンピック・リオデジャネイロパラリンピック放送テーマソングである。

　CDと歌詞カードでじっくり歌詞の世界に浸ってもいいし，あるいはオリンピックやパラリンピックの雰囲気に浸らせるならNHKがYouTubeで公開している動画を見せてもよいだろう。代表的な動画としては「【NHKリオ】日本の金メダルすべてお見せしますリオ金パック」（3分）等があり，銀パック（3分33秒）銅パック（5分38秒）すべて安室奈美恵の「Hero」を使って，思い出のシーンを編集している。

　また，授業への導入としては「【NHKリオ】リオ　メダリストプレーバック」（4分03秒）がパラリンピックメダリストの総集編となっているので，状況に応じて使用して欲しい。

　もう1つの教材は「高桑早生」の小中学校時代の読み物教材である。2016年9月11日放送TBS「勇気のシルシ　パラアスリートの挑戦」を中心に教材化してある。ただし，読み物教材だけではその臨場感や迫力を感じることができないので，高桑早生選手のリオの動画を準備したい。

　代表的な動画としては「【NHKリオ】笑顔がはじけた！高桑早生選手　アジア新記録で決勝進出　陸上女子200m 予選 T43/44（切断・機能）」（1分36秒）等がある。

3 手法・工夫・ポイント

　教材で，現在活躍している人物を取り上げるときの危険性については周知のところではあるが，だからといって偉人と呼ばれる過去の人物のみに焦点を当てても自分自身と重ね合わせることはなかなか難しい。現在活躍している人物に焦点を合わせる利点を最大限に利用したい。

　今回数多くのパラリンピック選手の中で

「高桑早生」さんを取り上げた理由は，彼女が足を切断したのが中学校1年生であったことが大きい。生徒たちは自分自身と気持ちを合わせやすいだろう。彼女の高校時代，大学時代の努力もあるが，今回は小学校6年から中学校時代までに絞りこんで教材を作成してある。

4 授業の実際

❶ リオ・オリンピック，パラリンピックでどんな人がHeroとして記憶に残っていますか？
・石川佳純　・内村航平　・萩野公介
・吉田沙保里　・男子リレー

「Heroってどんな人ですか？」
「輝いている人」「メダルを取った人」
「では，メダルを取れなかった人はHeroじゃないの？」「パラリンピックでメダルを取った人はHeroじゃないの？」

❷ 足を残す手術か，切断する手術か選択を迫られたときの気持ちはどうだったんだろう？
・真っ暗，自分だったら耐えきれない
・足の切断は怖い。自分だったら残す方を選んだかも
・自分の体の一部がなくなるなんて考えられない

「もし，あなたなら足を切るか切らないかの決断を迫られたらどうですか？」
「自分じゃ決められない。言われたとおりに任せると思う」
「足を切断後学校でみんなとなじめなかったのはどうしてだと思いますか？」
「友達もどう接していいのかわからなかったんだと思う」
「みなさんならどう声をかけますか？」
「大丈夫？」「手伝えることはある？」「どんな言葉をかけても素直に受け取れないことってあると思う」

❸ 卒業文集を読んでどんなことを感じますか？
・前向きにものごとを考えている
・義足で走れたことがうれしい
・周りの人への気遣いが感じられる

「自分はダメだとか思っていないと思う」
「前向きさがあったからパラリンピックでも入賞できたのだと思う」

❹ Heroとはどんな人だろう？
・前向きに努力出来る人
・周りの人を勇気づけられる人
・諦めない人
・目標に向かって進める人

❺ 教師の説話
　自分が今やれることを精一杯やりきる姿がHeroなのかもしれませんね。その姿にまわりも感動し，自分も頑張ろうと思える。だからこそHeroなのだと思います。みなさんにもそういう視点で身の回りの人を見て，Heroを探してほしいと思います。

道徳教材「高桑早生さんの挑戦」

　幼い頃から天真爛漫でスポーツが大好きだった少女（高桑早生さん）は，種目はわからなくとも，オリンピックに出場することを夢見ていた。

　そんな彼女の生活が一変したのは小学校6年生の時突然襲った左足の痛みからだった。最初は鈍い痛みだったが，1年近く検査を重ね，中学校に入学した直後，ある病名を告げられた。「骨肉腫（骨の悪性腫瘍）」いわゆる足の骨に出来るがんだった。

　早生さんの場合，すぐにでも手術が必要な状況だった。手術は3日後，今すぐに決めなければいけないことがあった。13歳の少女が迫られた人生を左右する決断とは…。

「足を残す手術」か「足を切断する手術」か
足を残せば，不自由ながら歩くことはできるが，スポーツはできない。
足を切断すれば，お風呂等不便さは残るが，義足をつければスポーツはできる。

　目の前が真っ暗になるというのはこういうことなんだなと初めて実感した早生さんは，たったひとつの希望にすがった。「スポーツをするためにはどちらの方が良いのか」
　「先生，足を切断してください」
　自分で「足を切断する」方を選択し，この日の3日後，中学1年生の6月13日に左足の膝から下を切断した。でも本当の苦しみはここから始まった。

　早生さんが学校に復帰できたのは3カ月後の9月だった。
　「おはよう」早生さんは明るく元気よく登校した。
　最初は義足をつけながら，松葉杖での生活。抗がん剤治療も並行して行なっていたので，髪の毛が抜け落ちた頭には帽子をかぶり，感染症を防ぐためにマスクをするという姿だ。
　周りの同級生たちはそんな彼女をどう受け入れればよいのかわからなかったのだろう。早生さんに声をかけることが少なくなった。天真爛漫だった早生さんは孤立していった。毎日が辛く，イスに座っているだけ。親には「学校に行かなくてもいい」と言われたが，病院にいたときに授業を受けられない辛さを感じていたのでなんとか学校にしがみついていた。
　そんな辛い中での唯一の希望は「もう一度走りたい」ということだった。大好きなスポーツができるようになれば全ては変わる，そう信じて義足の訓練にも必死に取り組んだ。手術後にベッドの上で出会った1冊の本『ラッキーガール』。著者の佐藤真海は，彼女と同じ骨肉腫で右足を切断した後，走り幅跳びでアテネパラリンピックに出場した選手だ。義足をつけて大きくジャンプしている佐藤真海さんの写真が表紙を飾るその本は，早生さんに走るための勇気を

与えた。

　そして、その夢が実現する日がやってくる。中学２年生の６月、体育でのスポーツテストの日だった。義足で走る初めての50ｍ走。あの日、足の切断を決めたことも、孤独な日々も、もう一度スポーツをしたい、その思いだけで乗り越えてきた。

　このときのことを早生さんは卒業文集で次のように書いている。

「２度目の初めて走った日」　　　高桑早生

　私にとって初めて走った日は２回ある。１回目は覚えていない。それくらい小さい時。２回目は中２の頃。義足になって初めて走った。小走りから始まっていつの間にか50ｍ走れるようになった。

　体育祭の全員リレーは75ｍを全力で走った。まだ練習用の義足だったのでいろんな人を驚かせてしまったことを覚えている。たくさんの人の協力のおかげで完走できた75ｍ。私はこの日のことを一生忘れないだろう。

　その頃の私は自分の限界というものがわからなかった。ただ、みんなと同じようにできることが嬉しくていろんなことに挑戦した。全てにおいて全力疾走だった。その気持ちを忘れないでこれからも走り続けたいと思う。

（卒業文集より）

　このことをきっかけに早生さんは明るさを取り戻す。部活動はソフトテニス部に入った。ダブルスを組み、大会にも出場した。

　高校では陸上をやろうと決めて、陸上部に行った早生さん。

　「義足ですが、一緒に練習してもいいですか」。高校の陸上部に入る際に言った一言がパラリンピック出場へのスタートとなる。そして才能は一気に開花。

　オリンピックを夢見ていた少女は、苦難を乗り越えて2012年ロンドン・パラリンピック100ｍ、200ｍ７位で２種目入賞。2015年世界選手権では走り幅跳び銅メダリストとなった。2016年リオデジャネイロ・パラリンピック200ｍ予選 T43/44（切断・機能）※をアジア新記録で決勝進出を決めた早生さんは７位入賞。100ｍ８位、走り幅跳びでは５位に入賞し、現在は東京パラリンピックを目指し練習に取り組んでいる。

※　リオデジャネイロパラリンピックのルールでは「T44（片足下腿義足）」クラスと「T43（両足下腿義足）」クラスが一緒にレースをすることになっている。片足が義足と両足が義足では障害の重度が異なるので、一緒に走るのは不公平のような感じを受けるが、スタートは片足義足が有利、スピードがのってからは両足義足が有利という考え方もある。

道徳ワークシート「高桑早生さんの挑戦」

足を切断するか残すか決断を迫られた時の気持ち

卒業文集を読んで感じたこと

Hero とはどういう人のことを言うのだろうか

道徳学習指導案「Hero」

1 主題　D－(22)　よりよく生きる喜び
2 教材　安室奈美恵「Hero」5分37秒「高桑早生さんの挑戦」（自作教材）
3 本時のねらい
　　「高桑早生さんの挑戦」と　安室奈美恵「Hero」を通して，よりよく生きる生き方を考える
4 本時の展開

過程	時配	主な発問　●学習活動　・予想される反応	○補助発問　・留意点
導入	5	●「Hero」を視聴してリオ・オリンピックを思い出す。	・Hero 総集編を視聴させる。 ・時間を取り過ぎないように注意する。 ○曲名を知っていますか？ ○あなたにとっての Hero は？
	3	どんな Hero が印象に残っていますか？	
	3	・石川佳純。　・内村航平。　・吉田沙保里。　・リレー。 ●高桑早生さんのリオ200m予選の映像を視聴する。	
		「高桑早生さんの挑戦」と安室奈美恵「Hero」でよりよく生きる生き方を考えよう。	
展開	5	●読み物教材「高桑早生さんの挑戦」を読んで考える。	・教材，ワークシートを配付する。 ・最後まで教師が状況を確認しながら教材を範読する。
	8	Hero とはどんな人だろう？	
		・前向きに努力できる人。 ・周りの人を勇気づけられる人。 ・諦めない人。 ・目標に向かって進める人。	
	10	足を切断するか残すか，決める時の気持ちは？	・高桑早生さんの気持ちに共感させると共に，自分ならどういう決断をするか考え出させたい。 ○もし，あなたの友達が同じ状況になって登校したらどんな言葉をかけますか？ ○足を切断してからの高桑早生さんの行動をどう思いますか？ ○どうして高桑早生さんはこんなに頑張れたのだろう？
		・真っ暗，自分だったら耐えきれない。 ・足の切断は怖い。自分だったら残す方を選んだかも。 ・自分の体の一部がなくなるなんて考えられない。	
	10	卒業文集を読んで感じたことは？	
		・前向きにものごとを考えている。 ・義足で走れたことが嬉しかったんだろうなあ。 ・周りの人への気遣いが感じられる。	
終末	6	●「Hero」を聴いて，今日の学習を振り返る。	○高桑早生さんの生き方を通して，どんな人が Hero だと思いますか？ ○自分の生活に生かせることはないだろうか？ ・振り返りをした後に教師の説話をする。
		今日の授業からどんなことを学べただろうか？	
		・結果より自分の生き方に輝いていることが Hero。 ・周りの人に幸せを感じさせるのが Hero。 ・どんな状況でも前向きにできることを考える人が Hero。	

【著者紹介】

柴田　克（しばた　かつし）
1982年千葉県君津市立小櫃中学校で教諭となる。
その後，袖ヶ浦市立長浦中学校，木更津市立中郷中学校，君津市立松丘中学校，君津市立亀山中学校と5校に教諭として勤務中，卓球部を道徳的視点を入れて指導し，5校全ての学校を千葉県大会優勝，関東大会出場に導く。
君津市立久留里中学校教頭，君津市立小糸中学校教頭を経て，君津市立周西南中学校校長。

著書『J-POPで創る中学道徳授業』『J-POPで創る中学道徳授業2』。分担執筆として，『エンカウンターで道徳　中学校編』『中学校　道徳シートとエンカウンターで進める道徳』『中学校すぐできる"とびっきり"の道徳授業』『11の徳を教える　中学校編』『人間を超えたものへの「畏敬の念」の道徳授業　中学校』（いずれも明治図書）他がある。

※写真素材提供（miwa）
㈱ソニー・ミュージックエンタテインメント

J－POPで創る中学道徳授業3

2018年7月初版第1刷刊	Ⓒ著　者	柴　田　　　克
2020年11月初版第3刷刊	発行者	藤　原　光　政
	発行所	明治図書出版株式会社

http://www.meijitosho.co.jp
（企画）茅野　現　（校正）宮森由紀子
〒114-0023　東京都北区滝野川7-46-1
振替00160-5-151318　電話03(5907)6701
ご注文窓口　電話03(5907)6668

＊検印省略　　　組版所　藤原印刷株式会社

ワークシート部分以外の本書の無断コピーは，著作権・出版権にふれます。ご注意ください。

Printed in Japan　　ISBN978-4-18-194912-9
もれなくクーポンがもらえる！読者アンケートはこちらから →
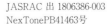
JASRAC 出 1806386-003
NexTonePB41463号

道徳教育　話題の新刊！

ほんもののエンカウンターで道徳授業

諸富　祥彦　編著

小学校編
B5判・116頁
本体2,200円+税
図書番号：1169

中学校編
B5判・120頁
本体2,200円+税
図書番号：1170

「エンカウンターの形だけを真似をした道徳授業が多く、これではねらいを達成できない」と編者は現状に警鐘を鳴らす。エンカウンターを生かしたとびっきりの道徳授業を数多く紹介。

J-POPで創る中学道徳授業

柴田　克　著

B5判・120頁・本体2,060円+税　図書番号：1168

J-POPで道徳とは、歌詞を資料にした道徳授業です！　本書では、ケツメイシの「仲間」やミスチルの「GIFT」、さだまさしの「償い」などを活用した事例を紹介。思春期の中学生が「今度の道徳は何をやるの？」と聞いてくるほど夢中になる授業を大公開です！

J-POPで道徳って？？
① J-POPの歌詞を活用した道徳授業です！
　⇒思春期の子どもたちも道徳授業を楽しみに！
② 道徳授業に不慣れでも実践しやすいです！
　⇒範読が苦手でも大丈夫。CDやDVDが資料に！
③ 幅広い年代で実施可能です！
　⇒小学校高学年や高校生でも熱中する授業です！

明治図書　携帯・スマートフォンからは **明治図書ONLINE** へ　書籍の検索、注文ができます。▶▶▶

http://www.meijitosho.co.jp　＊併記4桁の図書番号（英数字）でHP、携帯での検索・注文が簡単に行えます。

〒114-0023　東京都北区滝野川7-46-1　ご注文窓口　TEL 03-5907-6668　FAX 050-3156-2790

＊価格は全て本体価格表示です。